KB266852

세계는 왜 보수에 열광하는가

세계는 왜 보수에 열광하는가

세계는 왜 보수에 열광하는가

김대식 지음

봄봄

목차

왜 지금 보수의 길인가?

보수는 낡은 가치의 고착이 아니라, 공동체의 생명력을 지속시키기 위한 가장 치열한 철학이다. 대한민국은 지금 저출산·고령화, 지역 소멸, 안보 위기, 그리고 기술혁명이라는 전례 없는 복합 위기의 한복판을 지나고 있다. 변화의 속도는 눈이 멀 정도로 빠르고, 우리가 나아가야 할 방향은 안개 속에 가려져 불확실하다.

이럴 때일수록 정치의 본령은 중심을 잡는 데 있어야 한다. 그 중심을 지탱하는 힘이 바로 보수주의다. 보수는 검증된 전통을 근거로 미래를 설계하고, 법치의 질서 위에서 개혁을 추구하며, 개인의 자유와 공동체의 안정을 조화시키는 실천적 지혜다. 무너지는 신뢰를 회복하고 다음 세대를 위한 준비를 가능케 하는 것은 급진적 파괴가 아니라, 소나무가 솔잎을 갈듯 끊임없이 스스로를 갱신하는 보수의 복원력이다.

이 책에서 세 가지 축을 중심으로 대한민국 보수의 이정표를 제시하고자 한다.

첫째, 보수의 뿌리를 재발견하는 것이다. 대한민국 헌법에 담긴 보수주의의 본질을 파헤치고, 삼국지의 인물들을 통해 보수주의적 리더십의 전형을 탐구한다.

둘째, 현 시대적 과제에 대한 응답이다. 재정, 복지, 안보, 외교 등 현재 대한민국이 직면한 전략적 과제들을 2026년의 시점에서 보수정당의 해법으로 설계했다.

셋째, 대한민국 보수 정당의 생존 조건이다. 성공하는 보수정당의 리더십과 인재 양성 시스템, 그리고 해외 혁신 사례를 통해 대한민국 보수가 다시 주류로 서기 위한 실천 방안을 담았다.

정치란 내일을 준비하는 책임이다. 과거의 틀을 반복하는 타성에서 벗어나 시대정신 위에 선 실천이 필요하다. 이 책이 대한민국 보수가 국민의 신뢰를 되찾고, 지속 가능한 미래를 설계하는 길에 작은 등불이 되기를 간절히 소망한다.

책이 나오기까지 자료를 정리해 준 출판사 여러분과 쉽지 않았던 정치 역정을 함께 걸어준 가족, 그리고 나의 생각을 기록해 준 보좌진과 한승민 보좌관에게 깊은 감사의 뜻을 표한다.

제1부

보수의
철학과 정신

보수란
무엇인가

01

보수주의의 기본 원칙과 철학
인간의 겸손에서 피어난 지속 가능성의 미학

인간의 불완전성, 보수의 출발점

보수주의는 흔히 '낡은 것을 고집하는 태도'로 오해받지만, 그 진정한 뿌리는 인간의 지적 한계에 대한 깊은 성찰과 겸손에 닿아 있다. 보수주의의 철학적 전제는 명확하다. 인간은 이성적인 존재이지만, 그 이성은 결코 완전하지 않다는 점이다. 우리는 실수하고, 편견에 사로잡히며, 때로는 오만함에 눈이 멀어 눈앞의 복잡한 사회적 인과관계를 보지 못한다.

이러한 인간의 불완전성(혹은 제한된 합리성)에 대한 인식은 정치와 정책설계 단계에서 '설계주의적 오만'을 경계하게 만든다. 머릿속으로 그린 완벽한 유토피아를 현실에 강제로 이식하려는 시도가 역사적으로 얼마나 많은 비극을 초래했는지 보수주의는 기억하고 있다. 따라서 보수는 추상적인 이론이나 책상 위에서 고안된 혁명적 청사진보다는, 수백 년간 수많은 사람의 시행착오를 거쳐 검증된 역사와 전통, 그리고 구체적인 실천을 중시한다. 우리가 누리는 현재의 질서와 제도는 어느 천재적인 개인의 발명품이 아니라, 인류가 오랜 세월 생존을 위해 축적해 온 '검증된 지혜'의 총합이기 때문이다.

에드먼드 버크와 소나무의 철학

보수주의의 창시자로 불리는 영국의 정치가 에드먼드 버크(Edmund Burke)는 보수의 본질을 가장 아름답고도 명쾌하게 정의했다. 그는 "소나무가 늘 푸른 것은 날마다 조금씩 솔잎을 갈기 때문"이라고 말했다. 이 짧은 문장은 보수가 결코 변화 자체를 거부하는 고인 물이 아님을 상징적으로 보여준다. 소나무가 그 고고한 푸르름을 유지하기 위해서는 보이지 않는 곳에서 끊임없이 낡은 솔잎을 떨어뜨리고 새 잎을 돋우는 투쟁을 해야 한다.

이처럼 보수주의는 변화를 거부하는 것이 아니라, 변화의 '방식'과 '속도'에 주목한다. 중심 줄기를 지탱하는 근본 원칙은 고수하되, 시대에 맞지 않는 낡은 관습은 조금씩, 그리고 끊임없이 개선해 나가는 '질서 있는 진화'를 추구하는 것이다.

급진주의가 나무의 뿌리를 통째로 뽑아 새로운 종을 심으려 한다면, 보수는 나무의 건강을 위해 죽은 가지를 치고 영양을 공급하며 나무가 스스로 더 크게 성장하도록 돕는 정원사의 마음가짐을 갖는 것이다.

사회를 바라보는 경이로운 관점
- 세대 간의 계약 공동체

버크는 프랑스혁명의 광기를 목격하며, 단절이 아닌 연속성의 가치를 설파했다. 그에게 사회는 단지 현재를 살아가는 개인들의 단순한 집합체가 아니었다. 그는 사회를 "과거의 선대와 현재의 우리, 그리고 아직 태어나지 않은 미래의 후손까지 아우르는 거대한 계약 공동체"로 보았다.

이 관점에서 보면, 현재 세대는 국가와 사회라는 거대한 유산을 마음대로 처분할 권리가 있는 '주인'이 아니다. 우리는 앞선 세대로부터 물려받은 이 유산을 잘 관리하여 다음 세대에게 온전하게, 혹은 더 나은 상태로 물려줘야 할 책무를 지닌 '수탁자'에 불과하다.

따라서 당장의 유행이나 감정에 휩쓸려 수천 년간 이어져 온 도덕적 토대와 사회적 자산을 파괴하는 행위는 미래 세대에 대한 명백한 배임에 해당한다. 보수주의가 전통을 존중하는 이유는 그것이 단순히 오래되었기 때문이 아니라, 그 안에 공동체의 영속성을 담보하는 생존의 문법이 녹아 있기 때문이다.

한국형 보수주의의 고유한 토양
- 유교와 현대의 만남

이러한 보수의 가치는 한국 사회에서도 독자적인 생명력을 지니며 뿌리내려 왔다. 서구의 보수주의가 개인의 자유와 법치에 무게를 둔다면, 한국형 보수주의는 여기에 유교적 윤리관이라는 따뜻한 공동체 의식을 결합했다.

가정의 화목에서 시작해 사회 전체의 안녕으로 확장되는 '상호 책무'의 정신은 우리 사회를 지탱하는 보이지 않는 뼈대다. 부모를 공경하고 자녀를 보듬는 충효(忠孝)의 정신, 세대 간의 예의를 지키는 장유유서(長幼有序), 그리고 공동체의 질서를 존중하는 태도는 단순한 형식적 규범을 넘어선다.

이것은 전쟁의 폐허 위에서 대한민국을 다시 세우고, 유례 없는 경제 성장을 일궈낸 실질적인 동력이었다. 각자가 자신의 자리에서 책임을 다하고 서로를 존중하는 마음, 그것이 바로 한국 보수가 지키고 계승해야 할 소중한 정신적 유산이다.

권력의 독주를 막는 방패
- 헌정 원칙과 법의 지배

앞서 언급한 인간의 불완전성은 정치 구조의 설계에도 결정적인 영향을 미친다. 보수주의는 아무리 선한 의도를 가진 지도자라 할지라도, 권력이 한곳에 집중되면 반드시 부패하고 오만해진다는 사실을 역사적 경험을 통해 잘 알고 있다. 그래서 보수는 화려한 정치적 수사보다 권력을 분산시키는 '제도적 장치'를 신뢰한다.

법의 지배(Rule of Law), 입법·행정·사법의 삼권분립, 그리고 사법권의 독립은 보수주의가 중시하는 헌정 원칙의 핵심이자 구체적인 표현이다. 단순히 행정적인 효율성을 위한 장치가 아니다. 인간의 자의적인 판단이 법의 원칙을 넘어서지 못하도록 만드는 안전핀이며, 소수의 광기가 다수의 이름으로 개인의 자유를 억압하지 못하도록 막는 최후의 보루인 것이다.

보수주의자에게 법이란 강자를 위한 도구가 아니라, 공동체의 안정과 개인의 존엄을 동시에 지키기 위한 최소한의 약속이자 약자를 보호하는 가장 강력한 무기인 것이다.

문화적 기반과 국가 정체성의 파수꾼

보수주의는 국가를 단순한 행정 단위가 아닌 '문화적 실체'로 인식한다. 국가의 정체성은 헌법 조문만으로 완성되지 않으며, 그 땅에 흐르는 역사, 언어, 풍습, 그리고 예술과 같은 문화적 토양 위에서 꽃피기 때문이다.

각국의 보수정당이 문화유산의 보존과 교육제도의 안정성을 핵심 정책으로 삼는 이유도 여기에 있다. 뿌리 깊은 나무가 바람에 흔들리지 않듯, 문화적 자부심과 역사적 정통성이 확고한 국민은 어떤 위기 앞에서도 쉽게 무너지지 않는다.

대한민국 보수 역시 헌법 전문에 명시된 '민족문화의 계승'과 '자유민주적 기본 질서'를 단순한 문구가 아닌 행동의 기준으로 삼아 왔다. 시장경제의 활력을 지키면서도 우리의 정신적 뿌리를 잊지 않는 것, 그것이 보수가 수행해 온 '국가 수호'의 진정한 의미인 것이다.

보수, 지속 가능한 미래를 위한 나침반

결국 보수주의는 낡은 과거를 붙들고 늘어지는 수구가 아니다. 보수는 오히려 누구보다 '지속 가능성'을 간절하게 고민하는 철학이다. 이념적 선동에 휘둘려 국가의 기초를 허물기보다는 책임 있는 자세로 현실에 대응하고, 추상적인 이상향의 달콤함보다는 경험에 근거한 정책의 단단함을 선택하는 이념이다. 오래된 것 속에서 변하지 않는 가치와 원칙을 발굴하여 현재의 문법으로 세심하게 조율해 내는 능력인 것이다.

아울러 보수주의는 균형을 중시한다. 변화를 무조건 거부하지 않되, 그 변화가 공동체의 안정을 해치지 않는지 끊임없이 살핀다.

국가의 질서라는 단단한 기반 위에서만 개인의 자유와 창의가 비로소 만개할 수 있다는 믿음, 그리고 그 질서 안에서 개혁의 동력을 잃지 않으려는 부단한 노력. 이것이야말로 온갖 혼란과 갈등이 소용돌이치는 오늘의 대한민국에서, 보수주의가 다시금 중심을 잡고 시대의 나침반 역할을 해야 하는 이유다.

보수의 길은 과거로 돌아가는 길이 아니라, 축적된 지혜를 딛고 미래로 나아가는 가장 안전하고도 확실한 길이다.

대한민국 헌법에 담긴 보수주의적 요소

국가의 정체성을 수호하는 최상위 규범

헌법, 국가의 영혼을 담은 거대한 설계도

대한민국 헌법은 단순히 국가 기구를 운영하기 위한 기술적인 법률들의 집합체가 아니다. 헌법은 우리 대한민국 공동체가 어떤 고난의 역사를 거쳐 오늘에 이르렀으며, 앞으로 어떤 가치를 지향하며 미래로 나아갈 것인지를 엄숙히 선포하는 국가의 영혼이자 정체성의 핵심이다. 보수주의자의 시각에서 헌법을 읽는다는 것은 시대를 따라 흔들리는 가변적인 정치적 합의를 넘어, 결코 변해서는 안 될 불변의 가치 기둥을 세우는 숭고한 작업과도 같다.

대한민국 헌법은 자유민주주의와 법치주의를 그 중심축으로 천명하고 있으며, 보수주의가 지향하는 '안정 속의 번영'이라는 철학과 실핏줄처럼 긴밀하게 연결되어 있다. 보수주의자에게 헌법은 다양한 법률 중 하나가 아니라, 대한민국 공동체의 영속성을 보장하는 거대한 설계도다.

우리는 헌법이 규정한 헌정 질서를 통해 권력의 자의적인 횡포를 막고, 건전하고 지속 가능한 공동체 질서를 유지하기 위한 이념적 이정표를 발견한다. 헌법을 수호한다는 것은 곧 대한민국의 역사적 정통성을 지키는 일이며, 우리 선조들이 피와 땀으로 일궈낸 자유의 토대를 다음 세대에게 온전하게 물려주겠다는 보수적 책임감의 발로이기도 하다.

제1조
- 법치라는 견고한 울타리 안의 민주주의

대한민국 헌법 제1조 제1항은 "대한민국은 민주공화국이다"라고 선언하며 국가의 근간을 정의하고, 제2항은 "대한민국의 주권은 국민에게 있고 모든 권력은 국민으로부터 나온다”고 규정하여 국민 주권의 원리를 확고히 한다.

그러나 보수주의는 이 문장에서 ‘민주’라는 수사만큼이나 ‘공화’와 ‘법치’라는 개념에 주목한다. 권력의 원천이 국민에게 있다는 사실은 정치 권력의 정당성이 오직 국민의 동의와 절차적 적법성에 기반해야 함을 의미하지만, 보수는 여기서 더 깊은 철학적 함의를 읽어낸다.

권력이 국민으로부터 나온다는 선언이 결코 ‘다수의 폭정’이나 ‘거리의 군중 정치’를 무조건적으로 정당화하는 수단이 되어서는 안 된다고 보수는 믿는다. 진정한 의미의 민주주의는 다수결이라는 숫자의 힘이 아니라, 헌법이 정한 원칙과 법치의 질서 위에서 작동할 때 비로소 정당한 통치로 인정받을 수 있다. 이것이 바로 보수주의가 강조하는 ‘질서 있는 자유’의 요체다.

법이라는 견고하고 투명한 울타리가 없다면 민주주의는 쉽게 중우정치로 타락하거나 선동가들의 놀이터로 변질될 수 있다. 보수주의자는 헌법 제1조를 대할 때마다 권력의 겸손함을 배우고, 법의 엄중함이 공동체를 지키는 최후의 보루임을 상기해야 한다.

제10조와 기본권
- 천부인권과 국가 개입의 한계

헌법 제10조는 "모든 국민은 인간으로서의 존엄과 가치를 가지며, 행복을 추구할 권리를 가진다"고 명시하고 있다. 서구 자유주의 전통에 깊이 뿌리를 둔 보수주의가 가장 신성시하는 '개인의 존엄성'을 우리 법체계의 심장에 박아 넣은 상징적인 조항이다.

보수주의자에게 인간의 존엄은 국가나 어떤 권력이 자의적으로 부여한 것이 아니다. 인간으로 태어났기에 마땅히 누려야 할 천부인권적 성격을 갖는 것이다.

따라서 헌법 제10조 조항은 단순히 국민의 권리를 나열한 목록이 아니라, 국가 권력이 결코 침범할 수 없는 '성역'을 선포한 것이다. 지나친 국가의 개입이나 전체주의적 발상을 철저히 경계하며, 개인이 공동체 속에서 자율적인 주체로 당당히 존재할 수 있도록 만드는 헌법적 방어선이 바로 여기에 구축되어 있다.

헌법 제12조의 신체의 자유 "모든 국민은 신체의 자유를 가진다. 누구든지 법률에 의하지 아니하고는 체포·구속·압수·수색 또는 심문을 받지 아니하며, 법률과 적법한 절차에 의하지 아니하고는 처벌·보안처분 또는 강제노역을 받지 아니한다.", 제17조의 사생활의 비밀 "모든 국민은 사생활의 비밀과 자유를 침해받지 아니한다.", 그리고 무엇보다 보수의 핵심 보루라 할 수 있는 제23조의 재산권 보장은 "모든 국민의 재산권은 보장된다. 그 내용과 한계는 법률로 정한다."라고 규정하며, 개인이 국가로부터 독립하여 스스로의 삶을 자유롭게 설계하고 실천할 수 있게 하는 실질적인 장치들이다. 특히 재산권이 엄격히 지켜지지 않는 사회에서 개인의 자유는 허울뿐인 구호로 전락할 수밖에 없다는 사실을 보수주의는 역사적 경험을 통해 명확히 인지하고 있다.

제37조 제2항
- 자유와 책임의 절묘한 균형점

보수주의는 자유의 가치를 지고의 선으로 숭상하지만, 그 자유가 무책임한 방종이나 공동체를 해치는 독소로 흐르는 것을 결코 방치하지 않는다. 헌법 제37조 제2항은 이러한 보수의 고뇌를 가장 입체적이고 정교하게 담아내고 있다. "국민의 자유와 권리는 국가안전보장, 질서유지 또는 공공복리를 위하여 필요한 경우에만 법률로써 제한할 수 있으며, 그 경우에도 자유와 권리의 본질적인 내용을 침해할 수 없다"는 헌법 규정은 자유와 책임의 조화로운 질서를 지향한다.

여기서 우리가 주목해야 할 대목은 '본질적 내용의 침해 금지'다. 아무리 공공의 이익이나 시대적 요구를 내세우더라도 개인이 가진 자유의 핵심적인 본질을 파괴할 수는 없다는 이 장엄한 선언은, 권력이 선의를 가장하여 개인의 삶을 유린하는 것을 막는 최후의 안전핀 역할을 수행한다.

자유는 무한하지 않으며 공동체에 대한 무거운 책임을 동반할 때 비로소 그 진정한 품격과 의미를 획득한다는 관점은, 보수주의가 말하는 '사회적 덕목으로서의 자유'와 정확하게 일치한다. 보수주의자는 이 균형점을 지키기 위해 때로는 권력에 맞서고, 때로는 무책임한 방종에 경종을 울리는 파수꾼이 되어야 한다.

제11조
- 법 앞의 평등과 실질적 기회의 공정

헌법 제11조 "모든 국민은 법 앞에 평등하다. 누구든지 성별·종교 또는 사회적 신분에 의하여 정치적·경제적·사회적·문화적 생활의 모든 영역에 있어서 차별을 받지 아니한다." 는, 이른바 "모든 국민은 법 앞에 평등하다"고 선언함으로써 기회와 절차의 공정성을 확립한다.

보수주의자는 이 평등의 개념을 결과의 기계적 배분이 아니

 세계는 왜 보수에 열광하는가

라, 누구나 공정한 규칙 아래서 자신의 역량을 마음껏 발휘할 수 있는 '기회의 평등'이자 '절차의 공정'으로 해석한다. 동시에 우리 헌법은 "사회적 특수계층에 대한 합리적 차별"을 인정함으로써, 결과의 획일적인 평등이 아닌 각자의 구체적인 사정과 능력에 따른 실질적 평등의 지향점도 놓치지 않고 있다.

여기서 보수가 강조하는 핵심은 그 수단과 절차의 정당성이다. 평등이라는 매혹적인 명분을 내세워 권력이 자의적으로 확장되거나 시장의 자연스러운 질서와 동기를 파괴하는 행위를 보수주의자는 극도로 우려한다. 헌법이 규정한 평등은 어디까지나 엄격한 법적 질서 안에서 정당화되어야 하며, 동시에 특정 집단에 대한 부당한 특혜나 차별을 배격하는 제도적 견제 장치로 작동해야 한다. 보수주의자에게 진정한 평등이란 모든 사람의 높이를 똑같이 맞추는 강요가 아니라, 누구나 공정한 운동장에서 자신의 꿈을 향해 달릴 수 있는 환경을 조성하는 일이다.

제119조
- 시장의 창의와 국가의 보완적 책임

대한민국 경제 질서의 근간을 이루는 헌법 제119조 "①대한민국의 경제 질서는 개인과 기업의 경제상의 자유와 창의를 존중함을 기본으로 한다. ②국가는 균형 있는 국민경제의 성장 및 안정과 적정한 소득의 분배를 유지하고, 시장의 지배와 경제력의 남용을 방지하며, 경제 주체간의 조화를 통한 경제의 민주화를 위하여 경제에 관한 규제와 조정을 할 수 있다."에는 보수주의 경제 철학의 정수가 고스란히 담겨 있다.

제1항은 "개인과 기업의 경제상의 자유와 창의를 존중함을 기본으로 한다"고 선언하며 시장경제 원리를 명확히 규정하고 있다. 국가 번영의 동력이 관료의 명령이나 국가의 통제가 아니라, 개개인의 자발적인 욕구와 창의성에서 나옴을 헌법적으로 인정한 것이다.

동시에 제2항은 경제민주화와 시장의 지배력 남용 방지를 위한 국가의 조절 권한을 부여하고 있다. 보수주의가 결코 무책임한 '자유방임'이나 약육강식의 정글 법칙에 매몰되지 않음을 보여주는 증거다.

시장이 스스로 해결하지 못하는 독점의 횡포나 불공정 거래, 그리고 사회적 약자에 대한 최소한의 배려를 위해 국가는 신중하고도 보완적인 역할을 수행해야 한다. 영국의 보수주의 정치가들이 주장했듯, 보수의 경제는 '작은 정부'를 지향하되 국민이 각자의 능력을 최대한 발휘할 수 있는 기회를 제공하고, 실패한 이들에게 다시 일어설 수 있는 튼튼한 사다리를 놓아주는 '따뜻하고도 강한 시장경제'를 목표로 삼는다.

점진적 개혁의 산물로서의 헌법사

대한민국 헌법의 역사 그 자체가 바로 보수주의적 개혁의 살아있는 기록이다. 1948년 건국 헌법의 제정부터 시작하여 아홉 차례의 개정을 거쳐 다듬어진 현행 1987년 헌법에 이르기까지, 대한민국은 체제의 근간을 송두리째 흔드는 파괴적 혁명이 아니라 시대의 요구를 수용하며 조금씩 수정하고 보완해 온 점진적 발전의 길을 걸어왔다. 국가 권력의 합리적 분산, 국민 기본권의 실질적 확대, 그리고 입헌 민주주의의 공고화라는 궤적은 과거의 성취를 부정하지 않으면서도 새로운 시대 가치를 수혈해 온 보수적 진화의 전형적인 과정이다.

자유와 평화, 그리고 질서와 번영은 본질적으로 긴장 관계에 있을 때가 많지만, 우리 헌법은 이 가치들 사이에서 끊임없이 고귀한 균형을 찾으려 노력해 왔다. 보수주의자는 바로 이 위태롭지만 숭고한 균형을 지켜내는 파수꾼이 되어야 한다. 헌법의 역사를 존중한다는 것은 단순히 과거를 미화하는 것이 아니라, 그 속에 담긴 선조들의 고뇌와 지혜를 배워 오늘날의 문제를 해결하는 자양분으로 삼는 일이다.

헌법 수호, 보수의 시작이자 끝

결국 대한민국 보수의 출발점은 우리 헌법을 온전히 읽고, 그 가치를 온몸으로 수호하는 데 있다. 헌법 조문 하나하나에 깊게 새겨진 인간의 존엄, 개인의 자유, 법의 지배, 책임 있는 시민 의식, 그리고 공동체의 조화라는 원리는 보수 정치철학 그 자체라고 해도 과언이 아니다.

대한민국의 보수는 단순히 과거의 기득권을 고수하려는 집단이 아니라, 헌법이 지향하는 질서 안에서 국민의 자유를 극대화하고 그 결과에 스스로 책임지는 실천적 철학자가 되어야 한다. 오늘날 비정상이 상식을 억누르고 헌법적 가치가 정파적 이해관계에 따라 훼손되는 혼돈의 시대일수록, 우리는 다시 헌법으로 돌아가야 한다.

헌법을 보수의 흔들리지 않는 기초로 다시 세우는 일은, 길을 잃은 오늘날의 보수 정치를 재정립하고 국민의 깊은 신뢰를 회복하기 위한 가장 강력하고도 유일한 출발점이다. 헌법은 우리가 지켜야 할 성벽이자, 미래로 나아가는 길을 비추는 영원한 등불이다.

03

급진주의의
위험과 질서 있는 개혁
지속 가능한 진화를 향한
보수의 선택

역사의 경고
- 이념의 광기가 남긴 파편들

인류의 역사는 극단적인 이념이 이상주의라는 화려한 탈을
쓰고 사회에 투사될 때, 얼마나 처참하고 돌이킬 수 없는 파괴
를 초래하는지를 수많은 선혈의 기록으로 증명해 왔다. 급진주
의자들은 종종 자신들이 발견한 이념이 인류의 모든 고통을 해
결할 만능열쇠라고 믿는 '치명적 자만'에 빠진다.

　20세기 초반 유럽을 광기와 학살로 몰아넣었던 전체주의, 인류의 수천 년 문화유산과 도덕적 토대를 혁명이라는 이름으로 뿌리째 뽑으려 했던 중국의 문화대혁명, 그리고 치밀한 준비 없이 급격한 시스템 해체를 단행하여 국가 기능의 마비를 가져왔던 구소련의 붕괴 과정 등은 모두 급진주의가 낳은 비극적 사례들이다. 이른바 급진주의는 흔히 근거 없는 낙관론에 기반하여 장밋빛 미래를 내세우며, 현재를 지탱하는 기존의 제도와 전통적 문화를 '청산해야 할 적'이나 '낡은 적폐'로 규정하고 파괴하려 들었다.

　그러나 공동체는 살아있는 유기체와 같아서, 머릿속에서 인위적으로 고안된 이념의 속도보다 훨씬 느리고 복잡하게 움직인다. 제도의 진화는 통제된 실험실의 시뮬레이션이 아니라, 수많은 이해관계와 역사적 맥락이 얽힌 현실의 거친 파도 속에서 이뤄져야 한다. 이러한 원리를 무시한 채 사회라는 유기체를 칼로 도려내듯 개조하려는 시도는 결국 공동체의 죽음을 초래할 뿐이라는 사실을 보수주의자는 직시한다.

효율의 함정과 자멸의 역사
- 구석기 시대 매머드 사냥의 교훈

급진주의는 흔히 효율과 혁신이라는 매혹적인 구호 아래 사회적 질서와 축적된 관습을 무시하거나 파괴하려는 파괴적 충동과 연결된다. 하지만 당장의 효율만을 쫓는 충동은 종종 공동체의 장기적인 지속 가능성을 치명적으로 위협한다.

인류학적 관점에서 구석기 시대 수렵인들의 사례는 현시대를 살아가는 우리에게 시사하는 바가 매우 크다. 당시 수렵인들이 개발한 고도로 효율적인 매머드 사냥법은 단기적으로는 공동체에 유례없는 풍요를 가져다주었으나, 결과적으로는 먹이 자원의 씨를 말리는 결과를 초래했다.

자원의 회복 속도를 무시한 '기술적 진보'와 '급진적 포획'은 결국 공동체 전체의 굶주림과 붕괴로 이어졌다. 맥락을 상실한 혁신과 과도한 진보가 어떻게 자멸의 길로 이어질 수 있는지를 보여주는 섬뜩한 사례다.

기술의 진보가 문명의 지속을 담보하지 못하고 오히려 생태계와 사회의 균형을 깨뜨리는 순간, 그 진보는 발전이 아니라 파괴의 다른 이름이 된다. 보수는 바로 이 지점에서 '진보의 속도'보다 '질서의 복원력'에 더 큰 무게를 둔다. 당장 눈앞의 성과를 위해 공동체의 기초 체력을 고갈시키는 행위는 보수주의

자의 사전에는 존재할 수 없는 선택이다.

이스터섬의 비극
- 미래를 훔치는 현재의 오만

태평양의 고립된 섬, 이스터섬의 사례는 급진적 행위와 무절제한 경쟁이 초래하는 공동체 파괴의 전형을 보여준다. 한때 풍요로운 자연환경 속에서 찬란한 문명을 꽃피웠던 이스터섬 부족들은, 부족 간의 경쟁적인 과시를 위해 거대한 석상인 모아이(Moai)를 세우는 데 몰두했다. 더 큰 석상을 운반하기 위해 나무를 무분별하게 벌채했고, 결국 섬의 생태계가 감당할 수 있는 한계를 넘어섰다. 마지막 나무 한 그루가 쓰러지는 순간, 그들의 문명 역시 돌이킬 수 없는 몰락의 길을 걸었다. 이스터섬의 부족들은 당장의 종교적·정치적 만족을 위해 미래 세대가 숨 쉬고 살아갈 토대를 땔감으로 써버린 것이다.

이처럼 미래를 고려하지 않은 급진적 행위와 물질적·정신적 자원의 고갈은 공동체 전체를 파괴한다. 보수주의는 이러한 역사적 교훈에서 출발한다. 현재의 욕망을 채우기 위해 아직 태어나지 않은 세대의 자산을 훔쳐서는 안 된다는 '절제의 정신', 그리고 우리에게 주어진 유산이 유한함을 인정하는 겸손함이 필요하다. 그것이 바로 보수가 말하는 '원칙 있는 개혁'의 핵심 가치다.

정치, 완벽이 아닌 안정의 예술
- 점진적 조정의 미학

보수주의는 질서 있는 변화와 예측 가능한 개혁을 신뢰한다. 급진주의자가 정치를 '악을 뿌리 뽑고 선을 세우는 종교적 전쟁'으로 본다면, 보수주의자는 정치를 '다양한 이해관계를 조율하고 사회적 안정성을 유지하는 고도의 예술'로 정의한다.

세상에 완벽한 제도란 존재할 수 없으며, 오직 끊임없는 조정과 보완만이 있을 뿐이다. 만약 변화가 반드시 필요하다면, 그 변화는 기존의 질서를 존중하고 그 토대 위에서 추진되어야 한다. 점진적 조정과 보완만이 사회적 비용을 최소화하고 구성원들의 혼란을 방지할 수 있는 유일한 길이다. 급격한 유턴이 도로 위의 사고를 유발하듯, 급격한 정책의 전환은 사회적 신뢰라는 보이지 않는 자본을 순식간에 갉아먹기 마련이다.

보수주의자는 개혁의 방향만큼이나 개혁의 '과정'이 지닌 정당성을 중시한다. 서두르지 않는 개혁, 절차를 준수하는 변화만이 사회 구성원들의 동의를 얻고 영속적인 결실을 맺을 수 있다.

온고지신(溫故知新),
단절이 아닌 연속 위에서의 진화

보수주의가 말하는 개혁은 과거와의 결별이 아니라, 과거와의 깊은 대화를 통한 연속성 위에서 이뤄진다. 전통을 무조건적으로 숭상하는 것이 아니라, 그 전통 속에 숨겨진 '검증된 지혜'를 현재의 문법으로 재해석하는 작업이다. 제도를 통째로 해체하기보다는, 낡은 부분은 고치고 쓸모 있는 부분은 강화하는 '온고지신(溫故知新: 옛것을 익히고 그것을 미루어 새로운 것을 앎.)'의 태도야말로 보수의 진면목이다.

온고지신은 정치에 있어 가장 현실적이고 책임 있는 태도다. 국가의 장기적 안정성은 국민의 예측 가능성에서 나오며, 그 예측 가능성은 통치 철학의 일관성에서 기인한다.

보수주의자는 혁신 그 자체를 반대하지 않는다. 다만 그 혁신이 공동체가 수천 년간 지켜온 근본 가치를 훼손하지 않는지, 그리고 변화의 결과가 사회적 신뢰를 담보할 수 있는지를 엄격하게 따져 물을 뿐이다. 축적된 유산 위에 새로운 벽돌을 하나 더 얹는 것, 그것이 보수가 추구하는 진정한 진보의 방식이다.

균형의 수호자
- 성장을 넘어 지속가능성으로

보수주의는 환경과 개발, 복지와 성장, 개인의 자유와 공동체의 질서 사이에서 어느 한쪽으로 치우치지 않는 균형을 중시한다. 예를 들어, 당장의 지지율을 올리기 위한 무분별한 도시 개발이나 표를 얻기 위한 선심성 포퓰리즘 정책은 일시적으로는 성과처럼 보일 수 있다. 그러나 결국 미래 세대가 갚아야 할 빚으로 남거나, 자연환경의 회복 불가능한 파괴로 귀결된다.

보수주의는 모든 공공정책의 수립 단계에서 '아직 태어나지 않은 세대의 투표권'을 배려한다. 단기적인 수치에 연연하기보다 장기적인 지속가능성을 정책의 최종 기준으로 삼는 것, 그것이 보수가 가진 진정한 용기다.

강물에 돌을 던져 당장의 파문을 일으키는 것은 쉽지만, 그 강물이 썩지 않고 바다까지 흘러가게 만드는 것은 인내와 지혜를 필요로 하는 보수주의자의 영역이다. 보수는 오늘을 위해 내일을 팔지 않는다.

공동체의 뿌리를 지키는 힘

결국 보수는 격랑의 시대에 사회의 중심을 잡는 평형수(Ballast) 역할을 수행한다. 모든 것이 급변하고 가치관이 혼란에 빠질 때일수록, 보수가 견지해 온 신중함과 절제, 예측 가능성과 일관성은 공동체를 지탱하는 더욱 귀중한 미덕이 된다.

보수주의는 단순히 옛것을 지키는 힘이 아니다. 제도와 질서, 그리고 인간 본성에 대한 깊은 성찰을 바탕으로 대한민국이 지속 가능한 미래로 나아가기 위한 핵심 토대를 닦는 작업이다.

변화는 생존을 위해 필수적이다. 그러나 그 변화는 반드시 공동체의 깊은 뿌리 위에서 자라나야 한다. 뿌리를 부정하는 꽃은 오래갈 수 없으며, 질서를 무시한 혁명은 결국 허무로 끝난다는 진리를 우리는 가슴에 새겨야 한다.

그 진리를 가슴에 새기고 묵묵히 '보수의 길'을 걷는 것, 그것이 오늘날 우리가 직면한 수많은 갈등과 혼란을 극복하고 진정한 선진국의 반열로 올라서는 유일한 해법이다.

삼국지 속의 보수주의자 리더십

01

지도자 편

**난세의 기록,
공동체 회복을 위한 고군분투와 보수의 응답**

삼국지는 단순히 고대 중국의 패권을 다룬 영웅호걸들의 화려한 무용담들의 집합체가 아니다. 국가라는 거대한 시스템이 완전히 붕괴된 최악의 혼란기 속에서, 각 지역의 지도자들이 어떻게 다시 질서를 세우고 와해된 공동체를 재건하려 했는지를 치열하게 기록한 정치적 보고서이자 통치의 교본이다.

삼국지의 영웅들이 마주했던 한나라는 권위가 땅에 떨어지고 법치가 상실된 상태였으며, 백성들은 굶주림과 약탈 속에서 방황하고 있었다. 이러한 절망의 시대에 위국(魏國)의 조조, 촉국(蜀國)의 유비, 그리고 오국(吳國)의 손권이라는 세 영웅은 제각기 다른 시대적 배경과 인물적 한계를 안고 있었으나, 각자의 방식으로 자신만의 정치철학과 통치술을 증명해 냈다.

이들의 행보는 천년의 세월을 뛰어넘어 오늘날의 정치 지도자들에게도 심오한 통찰을 제공한다. 특히 보수주의의 관점에서 리더십이란 단순한 권력의 획득 과정이나 권한 행사가 아니다. 무너진 질서를 다시 창출하고, 공동체의 지속 가능성을 담보해야 하는 무거운 '책임' 영역의 덕목이다.

삼국지의 세 영웅이 보여준 리더십의 본질은 보수 정치철학이 지향하고 있는 '현실주의적 리더십'의 전형을 그대로 비추고 있다. 그들은 이상적인 유토피아를 꿈꾸기보다, 발을 땅에 딛고 당장의 혼란을 잠재울 수 있는 실질적인 체계를 구축하는 데 평생을 바쳤다.

01
조조의 유재시거(唯才是擧)
능력주의와 조직 안정의 실용정치

혁명적 능력주의
 – 기득권의 벽을 허문 지도자의 결단

조조는 보수주의가 강조하는 '실력과 책임'에 기초한 질서를 가장 강력하고 냉철하게 밀어붙인 지도자였다. 그의 핵심 통치 철학인 '유재시거(唯才是擧: 오직 재주가 추천의 기준)'는 "과거의 행적이나 신분에 상관없이 오직 재능만을 기준으로 인재를 선발한다"는 선언으로, 당시로서는 가히 문명사적 전환을 의미하는 혁명적인 조치였다. 이른바 유재시거의 인사방침은 혈연과 가문, 즉 문벌에 의해 모든 공직이 세습되고 관리의 등용이 결정되던 후한 말기 폐쇄적 관료 사회의 근간을 뒤흔드는 강력한 도전이었다.

조조의 이러한 결단은 단순한 인사 기법을 넘어, 무너진 국가를 재건하기 위해 '가장 유능한 자가 가장 적합한 자리에 있어야 한다'는 보수주의적 능력주의의 정수를 보여준다. 그는 명문가 출신의 순욱이나 곽가뿐만 아니라, 황건적 출신이었던 서황처럼 미천한 신분의 인재는 물론, 심지어 어제의 적이었던 장료, 장합, 가후까지 과감히 중용했다. 이러한 파격적인 인사는 조조 개인의 감정이나 호오(好惡)에 따른 것이 아니라, 오직 조직의 생존과 성과를 최우선으로 하는 철저한 정치적 절제에서 비롯되었다. 기득권의 저항 속에서도 실력을 우선시한 그의 태도는 보수가 지향해야 할 진정한 개혁의 방향을 제시한다.

법치와 예측 가능성
– 시스템에 의한 질서 회복

조조의 리더십에서 우리가 주목해야 할 또 다른 핵심은 '예측 가능한 규율'의 확립이다. 그는 난세일수록 지도자 개인의 자의적인 판단이나 감정에 휘둘리는 인치(人治)가 아닌, 명확한 법과 원칙에 의해 시스템이 작동하도록 만드는 '질서의 안정화'에 주력했다. 조조는 스스로 법을 어겼을 때 자신의 머리카락을 잘라 벌을 대신할 만큼 법의 엄중함을 몸소 실천하며 공동체의 기강을 세웠다.

조조가 내린 세 차례의 '구현령(求賢令)'은 현대 공직사회의 개방성과 경쟁 원리를 수천 년 앞서 예견한 보수적 기획이다. 구현령은 제도화된 유재시거(唯才是擧) 인사방침으로서, 보수주의가 중시하는 자율성과 효율성을 인사 정책에 성공적으로 이식한 사례로 평가받을 대목이다.

조조에게 정치란 화려한 명분이나 수사가 아니라 실제로 결과를 만들어내는 실력이었으며, 그 실력은 오직 엄격한 법치와 공정한 상벌 체계를 통해서만 담보될 수 있었다. 법이라는 견고한 울타리 안에서 능력을 마음껏 펼치게 하는 것, 그것이 조조가 꿈꾼 강한 국가의 설계도였다.

02
유비의 삼고초려(三顧草廬)
공감과 신뢰로 빚어낸 따뜻한 공동체 정치

인심(人心)이 곧 천하
– 인간 존중의 통치 철학

유비는 보수주의적 인간관의 핵심, 즉 인간의 마음을 얻는 것이 곧 국가의 기틀을 세우는 일임을 평생의 삶으로 증명한 지도자였다. 그는 화려한 지략이나 압도적인 무력보다 인내와 신뢰라는 무형의 자산을 통해 조직의 내실을 다져 나갔다.

유비가 실천한 '삼고초려(三顧草廬:초가집을 세 번 찾아가다)'는 단순히 인재를 영입하기 위한 예우의 차원을 아득히 넘어선다. 공동체의 가치에 동의하고 함께 헌신할 최고의 전문가를 향해 지도자가 보여줄 수 있는 최대치의 진심과 경의의 표현이었다.

유비의 리더십이 가진 강력한 힘은 구성원들에게 부여하는 확고한 '안정감'에서 나온다. 관우, 장비, 조운 등과 맺은 관계는 단순한 상하 관계나 계약 관계를 넘어선 신의(信義)의 결합이었다. 이러한 신의의 결합은 한국형 보수주의의 근간인 '정(情)'과 '신의'라는 덕목이 정치 현장에서 어떻게 강력한 결속력을 만들어내고, 최악의 위기 상황에서도 조직을 지탱하는 최후의 보루가 되는지를 보여주는 생생한 사례다.

유비는 자신이 옳다고 믿는 이상을 대중에게 강제로 주입하지 않았으며, 백성들이 소중히 여기는 전통적 가치와 정서를 존중하며 점진적이고 절제된 방식으로 공동체의 통합을 이끌어냈다.

인내와 유연한 현실 감각
– 질서 있는 변화의 완결

유비는 흔히 감성적인 리더로 묘사되지만, 사실 그는 냉혹한 현실 앞에서도 결코 무너지지 않는 대단히 유연한 현실 감각을 갖춘 보수주의자였다. 때로는 숙적이었던 조조와 손을 잡고, 때로는 후일을 기약하며 과감히 물러설 줄 아는 그의 인내심은 보수주의가 지향하는 '위기를 넘어서는 절제'와 '질서 있는 변화'의 정수를 보여준다. 그는 무력으로 땅을 점령하기보다 인의(仁義)로 사람의 마음을 먼저 점령하여 그들이 스스로 질서의 주체가 되게 만들었다.

그는 덕치(德治)라는 이름으로 공동체의 유대감을 강화하면서도, 국가를 유지하고 발전시키기 위해 필요한 현실적 타협과 외교적 전략의 가치를 결코 잊지 않았다. 유비에게 리더십이란 높은 곳에서 군림하는 것이 아니라, 낮은 곳에서 백성의 고통에 공감하며 그들을 위한 가장 안전하고 따뜻한 울타리를 만드는 작업이었다. 이러한 유비의 모습은 오늘날 보수가 회복해야 할 '따뜻한 리더십'과 '공감의 정치'가 무엇인지 명확하게 웅변하고 있다.

03
손권의 능굴능신(能屈能伸)
유연성과 현실주의의 절묘한 조화

굽힐 때와 펼 때를 아는 자가 천하를 보존한다

보수주의 외교 전략의 핵심은 관념적인 도덕이나 허울 좋은 명분이 아니라, '국가의 생존'이라는 냉혹한 현실 위에 세워져야 한다. 손권은 이러한 보수적 현실주의를 몸소 증명한 인물이다. 그는 조조처럼 강력한 중앙집권을 독단적으로 추진하여 강동 내부의 호족 세력과 불필요한 마찰을 빚지도 않았고, 유비처럼 감성적 유대감에 과도하게 의지하여 전략적 판단을 흐리게 하지도 않았다. 대신 그는 국가라는 공동체를 유지하기 위해 외교, 내정, 군사 전략을 그때그때의 상황과 힘의 논리에 맞춰 조화롭게 배치하는 데 탁월한 능력을 발휘했다.

손권의 대외 전략을 상징하는 '능굴능신(能屈能伸: 상황에 따라 지혜롭게 굽히고 펼 줄 아는 능력)', 즉 굽힐 때는 기꺼이 굽히고 펼 때는 당당히 펴는 유연함은 보수주의 외교의 본질을 관통한다. 외교적 관점에서 강대국 사이에서 명분과 실리를 정교하게 저울질하며 동맹과 갈등의 수위를 조절하는 고도의 정치적 감각이다. 오늘날 미·중 전략 경쟁과 제2기 트럼프 행정부의 출범 등 복합적인 지정학적 위기에 처한 대한민국의 생존 전략에 손권이 던지는 시사점은 매우 무겁고도 구체적이다.

위국(魏國) 조비에 대한 칭신(稱臣)
– 국익을 위해 자존심을 던진 결단

손권의 능굴능신이 가장 빛을 발한 순간은 관우 사후 촉국 유비의 대대적인 보복 공격(이릉대전)을 앞둔 시점이었다. 당시 오국은 서쪽으로는 분노한 유비의 대군을 상대해야 했고, 북쪽으로는 위국 조비의 위협을 동시에 방어해야 하는 절체절명의 위기에 빠져 있었다.

이때 손권이 내린 선택은 보수적 현실주의의 극치였다. 그는 평소 '역적'이라 칭하며 대립해온 조조의 아들 조비가 황제에 즉위하자, 즉각 사신을 보내 조비의 황제 지위를 인정하고 스스로를 '오왕(吳王)'으로 봉해달라며 고개를 숙였다.

강동의 주인으로서 독자적인 세력을 구축해온 손권에게 적국에 칭신(稱臣)하는 행위는 개인적으로는 참기 힘든 모욕이자 자존심의 상처였을 것이다. 하지만 손권에게 리더의 자존심은 국가의 존립보다 결코 우선될 수 없었다. 그는 기꺼이 조비에게 고개를 숙임으로써 북쪽의 위협을 잠정적으로 제거했고, 이를 통해 국력을 남쪽의 유비에게만 집중시켜 이릉대전이라는 거대한 위기를 승리로 이끌 수 있었다. 명분보다 실익을, 감정보다 전략을 우선시하는 냉철한 태도야말로 보수주의적 지도자가 견지해야 할 태도의 요체다.

인욕(忍辱)의 리더십
– 지도자의 무게는 고통을 견디는 힘에서 나온다

이러한 손권의 태도는 단순히 외교적 수완에 머물지 않고 내부 통치와 인사 정책에서도 일관되게 나타났다. 그는 인재를 대할 때 차가운 이성과 따뜻한 감성을 절묘하게 아울렀다. 대

   세계는 왜 보수에 열광하는가

표적인 사례가 오나라의 맹장 주태(周泰)와 관련된 일화다. 주태는 신분이 미천한 출신이었으나 손권을 지키기 위해 전장에서 온몸에 수십 군데의 상처를 입으며 충성을 다했다. 하지만 명문가 출신의 다른 장수들은 주태의 출신을 비하하며 그를 멸시했다.

이때 손권은 연회를 열어 주태의 옷을 벗기게 한 뒤, 몸에 새겨진 흉터 하나하나를 손가락으로 가리키며 그 상처가 어떤 전장에서 국가를 위해 입은 징표인지를 눈물로 칭송했다. 손권의 눈물은 인재를 국가의 소모품이 아닌 '고통을 나누는 동지'로 대우하는 지도자의 품격을 보여주는 장면이다. 보수주의가 중시하는 공동체적 윤리와 '정치의 인간화'가 손권이라는 리더를 통해 구체적인 통치 행위로 발현된 것이다.

대한민국 보수가 배워야 할 유연한 현실주의

결국 손권이 보여준 리더십의 본질은 '생존'을 위한 처절한 유연함에 있다. 보수주의는 결코 경직된 교조주의가 아니다. 국가의 자율성과 주권을 지키기 위해서라면, 때로는 자존심까지 내려놓는 신축성과 절제가 필요하다. 조조처럼 유능한 인재를 발탁할 수 있는 시스템을 구축하되, 유비처럼 구성원의 상처에 공감하며, 무엇보다 손권처럼 변화무쌍한 국제 정세 속

에서 국익을 최우선으로 하여 유연하게 대응하는 능력-이것이
대한민국 보수가 다시 주류로 올라서기 위해 반드시 회복해야
할 리더십의 정수로 뽑을 수 있다.

지도자는 한 손에는 차가운 통계와 전략적 지표를 들고, 다
른 한 손으로는 거친 국민과 동지들의 손을 맞잡아야 한다. 냉
철한 머리와 따뜻한 가슴이 결합될 때 리더는 비로소 단순한
권력자에서 벗어나 '신뢰의 정치'를 이끄는 흔들리지 않는 방
향타가 된다. 손권의 능굴능신은 바로 그 위대한 통합과 생존
의 미학을 우리에게 웅변하고 있다.

04

보수주의자의 리더십
인재를 얻고 나라를 세우는 길

조조의 실용적 통찰과 인사 정책, 유비의 정서적 포용과 의
리, 그리고 손권의 유연한 전략은 서로 분리된 유형이 아니다.
진정한 보수 정치가 지향해야 할 리더십은 이 세 가지 요소가
하나의 유기체처럼 긴밀하게 결합된 복합체여야 한다.

오늘날 한국 보수정당이 인재를 체계적으로 키우지 못하고,
여야정당이 소모적인 정쟁과 인사 실패로 휘청거리는 현실 속
에서 세 영웅들이 남긴 메시지는 그 어느 때보다 무겁게 다가

　세계는 왜 보수에 열광하는가

온다.

정치의 본질은 결국 '사람을 얻고 그 사람들과 함께 지속 가능한 질서를 만드는 일'이다. 삼국지의 지도자들은 각기 다른 경로를 걸었으나, 공통적으로 단기적인 계산이나 정파적 이해관계보다 공동체의 '영속성'을 최우선에 두었다.

보수주의 리더십은 과거의 향수에 젖는 퇴행이 아니다. 조조처럼 유능한 인재를 발탁할 공정한 시스템을 구축하고, 유비처럼 국민의 상처에 진심으로 공감하며 신뢰의 네트워크를 형성하며, 손권처럼 변화무쌍한 국제 정세 속에서 냉철하게 국익을 수호하는 유연함을 갖추어야 한다. 이들의 지혜를 현대적으로 재해석하고 실천하는 것이야말로, 대한민국 보수가 다시 주류로 올라서기 위해 반드시 회복해야 할 리더십의 정수다.

02

참모 편

**참모의 지략,
공동체의 안녕을 위한 국가 설계의 이면**

삼국지의 역사가 오늘날까지 우리에게 깊은 울림을 주는 까닭은 단지 전장에서 펼쳐지는 화려한 무용담이나 영웅들의 기개 때문이 아니다. 격변의 시대 속에서 국가와 공동체를 지탱하려 했던 인물들이 남긴 정치와 통치, 그리고 그 이면을 관통하는 전략과 철학의 정수가 담겨 있기 때문이다.

특히 군주를 보좌하며 국정의 큰 틀을 설계했던 참모들의 활약은 현대 정치 리더십의 모델로서 매우 중요한 시사점을 제공한다. 보수주의적 관점에서 리더십은 단순히 권력을 획득하는 기술이 아니라, 예측 가능한 질서를 유지하고 공동체의 안녕을 도모하는 숭고한 책임의 영역이다.

제갈량과 사마의, 그리고 육손은 각기 다른 진영에서 활약했으나, 군주가 아닌 참모의 위치에서 보수주의적 리더십의 전범(典範)을 실천했다는 공통점을 지닌다. 이들의 지략은 단순히 전장에서 적을 쓰러뜨리는 전투의 기술을 넘어, 팽팽한 전쟁의 긴장을 지속 및 이완시키며 공동체의 지속가능성을 지키려는 보수의 철학적 본질과 맞닿아 있다. 이들 참모들은 공통적으로 인간의 불완전성을 인정하고, 시스템과 인내, 그리고 책임이라는 가치를 통해 난세를 헤쳐 나갔다.

01

제갈량의 금낭묘계(錦囊妙計)
불확실성에 대응하는 시스템의 위엄

제갈량은 국가적 위기 앞에서도 철저한 사전 준비와 냉철한 판단력을 바탕으로 국난을 극복해 나간 보수적 리더십의 표상이다. 흔히 전해지는 그의 '금낭묘계(錦囊妙計: 비단 주머니 속에 담긴 기묘한 계책)'는 단순히 운 좋게 얻어걸린 기발한 묘책이 아니다. 불확실한 미래를 대비하는 신중함과 전략적 절제가 만들어낸 고도의 위기관리 시스템인 것이다.

유비가 손권과의 정략결혼을 위해 적진과 다름없는 오나라로 향했을 때, 제갈량은 조자룡에게 비단 주머니 세 개를 건네며 긴박한 상황마다 하나씩 열어볼 것을 당부했다. 이 비단 주머니는 단순히 제갈량의 신통력을 보여주는 도구가 아니다. 위험 상황 발생 시 즉각 가동될 수 있는 '사전 대응 체계(Contingency Plan)'를 상징한다. 제갈량은 유비가 인질로 잡힐 최악의 시나리오를 미리 상정하고, 각 단계마다 탈출할 수 있는 구체적인 대안을 마련해 두었던 것이다.

이 금낭묘계는 현대 보수주의자들에게 중요한 교훈을 준다. 진정한 지도자는 위기가 닥친 후 즉흥적으로 반응하는 것이 아니라, 미리 준비된 데이터와 시나리오를 통해 시스템으로 대응해야 한다. 보수주의가 독선에 빠진 혁명 엘리트의 설계주의(設計主義)를 경계한다고 해서 준비 없는 방임을 주장하는 것은 아니다. 오히려 인간의 한계를 알기에, 그 한계를 보완할 수 있는 치밀한 대비책을 세우는 것이 보수의 진면목이다.

제갈량은 북벌을 추진하면서도 자신의 사후에 발생할 수 있는 혼란과 위연(魏延)의 반란 가능성까지 예견하고 사후 대책을 마련했다. 이 대목은 참모와 실무자 간의 유기적 협력, 그리

세계는 왜 보수에 열광하는가

고 불확실한 미래에 대한 냉철한 예측력을 보여주는 사례다. 제갈량은 화려한 이상을 좇는 이상주의자가 아니라, 국가의 연속성을 고민하는 철저한 현실주의자였다. 자신의 죽음을 직감한 순간에도 후계자 선발, 군량 배분, 조정 운영의 안정성을 위해 치밀한 대비책을 세워둔 그의 방식은 오늘날 보수 정치가 지향해야 할 리더십의 전형이다. 추상적인 비전보다 구체적인 시스템으로 답하는 자세야말로 공동체를 지키는 가장 강력한 힘이다.

또한 제갈량은 촉나라의 한정된 국력을 극대화하기 위해 엄격한 법 집행과 공정한 상벌 체계를 확립했다. 그는 지위의 고하를 막론하고 법을 어긴 자에게는 준엄한 책임을 물었으며, 공을 세운 자에게는 반드시 보상했다. 이러한 법치주의는 보수주의가 지향하는 질서의 핵심이다. 인간의 자의적인 감정이 아니라, 정해진 규칙에 따라 공동체가 작동할 때 비로소 예측 가능성이 확보되고 구성원들의 신뢰가 쌓인다. 제갈량은 스스로를 법의 수호자로 자처함으로써, 촉나라라는 작은 나라가 강대국 위나라에 맞서 수십 년간 생존할 수 있는 기틀을 닦았다.

02

사마의의 대지약우(大智若愚)
전략적 침묵과 보이지 않는 질서의 구축

사마의는 '대지약우(大智若愚)', 즉 큰 지혜는 겉으로 보기에 마치 어리석은 것처럼 보인다는 보수주의적 인내와 절제의 미학을 가장 잘 보여주는 인물이다. 그는 젊은 시절 조조의 극심한 경계심을 피하기 위해 병을 핑계로 은거하며 정계 활동을 멀리했다. 그러나 그 이면에는 조정 내의 권력 지형과 미세한 세력 변화를 누구보다 예리하게 파악하며 때를 기다리는 치밀함이 있었다.

사마의의 리더십은 장기적 안목과 정치적 내공의 결실이었다. 진정한 보수적 지도자는 때를 기다릴 줄 알아야 한다. 대중의 시선이 닿지 않는 곳에서 힘을 비축하고 정책의 정합성을 고민하다가, 공동체의 질서가 무너지는 결정적 순간에만 행동에 나서는 것이다. 사마의의 전략은 신중함과 절제라는 보수주의의 본질적 가치를 완벽하게 구현하고 있다.

현대 정치 지형에서 사마의와 같은 인물은 화려한 공적 무대 위 주역보다는, 정책을 정교하게 조율하고 중재하며 배후에서 전략적 방향을 제시하는 인물로 비유될 수 있다. 국민의 신뢰는 일시적인 웅변이 아니라 최종적인 실리와 결과로 증명되는 것이다. 순간의 여론에 휘둘리는 포퓰리즘보다 장기적 국익을 우선시하는 그의 판단은 지도자의 '숙성도'를 보여주는 중요한 척도다. 권력을 탐하는 욕심을 숨기고 오직 나라의 안정을 위한 체계적 정리를 묵묵히 수행해 낸 사마의는 시대를 앞서간 현실주의 정치 기술자였다.

사마의가 제갈량의 북벌을 막아내는 과정에서 보여준 모습은 보수적 방어 전략의 정수다. 그는 제갈량의 도발과 모욕에도 흔들리지 않고 '견벽거수(堅壁拒守)의 원칙'(튼튼한 성벽(壁)을 굳게 지키고(堅) 적의 공격을 막아내며(拒) 요새를 지키는(守) 것)을 지켰다. 당장의 승리라는 명분보다 국가의 피해를 최소화하고 승리할 수 있는 최적의 조건을 기다리는 그의 인내는, 보수가 위기 상황에서 가져야 할 평정심이 무엇인지 보여준다. 사마의는 상대의 조급함을 이용하고 자신의 안정을 지킴으로써 종국에는 거대한 제국의 기틀을 다졌다.

또한 사마의는 가문과 조직의 영속성을 위해 교육과 규율을 중시했다. 그의 사후에도 사마 가문이 위나라를 넘어 진나라를 세울 수 있었던 동력은, 그가 평생에 걸쳐 심어 놓은 보수적 가치관과 인재 양성 덕분이었다. 지도자는 당대의 성과에만 집착하는 것이 아니라, 자신이 떠난 뒤에도 조직이 지속될 수 있도록 뿌리를 깊게 내리는 작업에 집중해야 한다. 사마의의 '지혜'는 바로 이 지점에서 완성된다.

03

육손의 인욕부중(忍辱負重)
개인의 명예보다 공동체의 무게를 짊어지는 사명감

육손은 '인욕부중(忍辱負重: 치욕을 참아가며 중대한 책임을 진다)', 즉 개인적 모욕을 참아내며 공동체의 무거운 책임을 짊어진 보수적 책임 윤리의 화신이다. 유비의 대군이 동오(東吳)를 압박할 때, 젊은 육손은 대도독이라는 중책을 맡았으나 경험이 부족하다는 이유로 노장들의 노골적인 무시와 멸시를 견뎌야 했다. 그러나 육손은 감정적으로 대응하지 않았다. 그는 침묵 속에 전세를 분석하고 승리를 위한 조건을 치밀하게 준비했다.

결국 화공을 통해 유비의 대군을 격파한 이릉대전의 승리는 육손 개인의 명예가 아닌 감정의 절제가 만들어낸 전략적 승리였다. 육손의 승리는 리더십의 핵심이 '화려한 결단력'이 아니라, 공동체의 장기적 이익을 위해 때로는 자신의 자존심까지 내려놓을 수 있는 담대함에 있다는 사실을 일깨워준다. 보수는 명분과 체면보다 실질적인 생존과 질서를 우선시한다.

육손은 승리 이후에도 공로를 뽐내지 않았으며, 정적들과의 충돌을 피하고 내부 안정을 최우선으로 고려하는 겸손함을 잃지 않았다. 권력 의식보다 책임감이 앞선 지도자만이 보여줄 수 있는 품격이다. 육손의 조용한 리더십은 '소리 없는 무게 중심'이 어떻게 국가 단위의 거대한 조직을 안정적으로 이끌 수 있는지에 대한 실증적 답안이다. 오늘날 갈등과 혐오가 만연한 대한민국 정치 현장에서, 지도자가 갖춰야 할 행위 규범이 바로 육손의 인욕부중 속에 담겨 있다.

육손은 또한 군사적 성공 이후 문관으로서 오나라의 기틀을 다지는 데 헌신했다. 그는 농업을 장려하고 백성들의 삶을 안정시키는 정책을 추진하며, 보수가 지향하는 '부국안민'의 길을 걸었다. 전쟁에서의 승리는 단기적인 과업이지만, 그 승리 후에 찾아오는 평화를 관리하고 유지하는 것은 훨씬 더 어려운 일이다. 육손은 검을 내려놓은 뒤에도 붓을 들어 국가의 근간을 세우는 데 매진했다.

육손의 인욕부중은 비단 적을 상대할 때뿐만 아니라, 주군인 손권과의 이궁지쟁(二宮之爭)이라는 오해와 시기 속에서도 빛을 발했다. 그는 자신의 충성을 증명하기 위해 구구절절 변명하기보다 묵묵히 자신의 소임을 다하며 결과로 답했다. 리더는 타인의 평가에 일희일비하기보다, 자신이 짊어진 공동체의 무게를 잊지 않는 것이 중요하다. 육손이 보여준 이 숭고한 책임 의식이야말로 보수 리더십이 추구해야 할 최고의 덕목이다.

보수주의자의 지혜로움
변하지 않는 원칙으로 위기를 돌파하라

제갈량의 치밀한 사전 계획, 사마의의 전략적 침묵, 그리고 육손의 헌신적인 인내는 모두 오늘날 보수 정치가 위기를 대하는 태도에 대한 명확한 지침을 준다. 보수주의 리더십이란 급진적인 파괴나 일시적인 대중 영합주의가 아니라, 예측 가능하고 절제된 방식으로 공동체를 유지하는 힘이다. 빠르게 변화하는 시대일수록 변하지 않는 원칙의 가치는 더욱 빛을 발한다.

질서에 대한 깊은 존중, 책임 있는 권력의 절제된 사용, 그리고 특정 정파가 아닌 공동체 전체를 먼저 생각하는 균형 잡힌 판단력이 핵심이다. 지금 우리 대한민국과 보수 정당에게 필요한 것은 위기 속에서 냉철하게 미래 시나리오를 준비하는 '금낭묘계'의 자세, 보이지 않는 곳에서 장기 국익을 설계하는 '대지약우'의 감각, 그리고 고난을 견디며 조직의 무게를 감당하는 '인욕부중'의 책임 의식이다.

보수주의는 결코 변화를 거부하는 정체된 이념이 아니다. 다만 그 변화가 치밀하게 준비된 것이어야 하며, 그 과정에서 공동체의 근간을 해치지 않아야 한다고 믿을 뿐이다. 보수주의자는 인내와 절제, 책임과 신뢰라는 나침반을 들고 공동체의 중심을 지키는 파수꾼이 되어야 한다. 삼국지의 세 나라를 대표하는 세 참모는 그 철학을 삶과 죽음의 경계에서 실천했던 고독한 선구자들이며, 오늘날 우리가 나아가야 할 길 위에 세워진 흔들리지 않는 나침반이다.

이들의 지혜를 현대적으로 재구성하면 '시스템에 의한 통치', '전략적 인내를 통한 국익 극대화', 그리고 '책임 윤리에 기반한 자기희생'으로 요약된다.

보수는 단순히 과거의 영광을 복제하는 것이 아니라, 역사가 증명한 이러한 성공의 법칙들을 현재의 과제에 맞게 변용하여 적용하는 능력을 갖춰야 한다. 삼국지의 참모들이 보여준 리더십의 본질을 회복할 때, 대한민국 보수는 비로소 진정한 유능함과 품격을 동시에 갖춘 주류 세력으로 거듭날 수 있을 것이다.

현대 보수주의의 과제
– 복합 위기의 해법

제1장

경제와 사회적 책임

"복지는 보수다"

보수주의 경제 철학의 본질
- 자율과 책임의 이중주

보수주의는 역사적으로 시장의 자율성과 개인의 책임을 국가 운영의 핵심 엔진으로 삼아왔다. 인간의 창의성이 국가의 강요나 계획이 아닌, 자유로운 선택과 경쟁 속에서 가장 찬란하게 꽃핀다는 믿음에 근거한다는 의미다.

"작은 정부, 큰 시장"이라는 명확한 기조 아래, 정부의 역할은 시장이라는 경기장에서 심판이 규칙을 집행하듯 최소한의 규제와 질서 유지에 머물러야 한다는 것이 보수의 근본 철학이다.

이러한 사유의 저변에는 영국의 경제학자 아담 스미스(Adam Smith)가 설파한 '보이지 않는 손(Invisible hand)'의 자율적 조정 능력과 오스트리아-헝가리 제국 출신의 경제학자 프리드리히 하이에크(Friedrich August von Hayek)가 강조한 '자생적 질서(Spontaneous Order)'가 자리 잡고 있다. 인간이 인위적으로 모든 것을 설계하지 않아도, 수많은 경제 주체의 정보와 욕구가 교환되며 자연스럽게 형성되는 질서야말로 인류 번영의 원천이라는 것이다. 보수는 시장을 단순한 거래의 장소가 아니라, 인간의 자유가 실현되는 도덕적 공간으로 인식한다.

그러나 2026년 오늘날, 현대 보수주의는 과거의 단순한 자유방임(Laissez-faire)만으로는 공동체의 지속 가능성을 담보할 수 없음을 통렬히 인식하고 있다. 인구 절벽이라 불리는 초저출산과 급격한 고령화는 노동력의 근간을 뒤흔들고 있으며, 인공지능(AI)과 로봇 기술의 비약적 발전은 고용의 질적 구조를 근본적으로 바꾸고 있다. 여기에 글로벌 지정학적 리스크가 초래한 에너지 및 공급망 위기까지 더해지면서 국가에는 과거와 다른 새로운 역할과 책임이 요구되고 있다.

이제 보수는 단순히 방관하는 정부가 아니라, '책임 있는 자유'와 '공정한 시장'이 작동할 수 있도록 정교하게 판을 짜는 '질서 있는 변화의 조정자'가 되어야 한다. 재정, 복지, 제도, 법, 시장 전반에 걸친 강력한 대응 전략을 갖추는 것만이 대한민국 보수가 짊어진 시대적 과업이다.

01

재정 보수주의와 경제적 자유주의
세대 간 정의를 위한 결단

재정 보수주의
- 미래 세대의 몫을 훔치지 않는 도덕적 정치

재정 보수주의는 근시안적 표심을 노린 무분별한 재정 확대와 달콤한 포퓰리즘 정책에 대한 단호한 경계에서 출발한다. 정치적 편의를 위해 곳간을 허무는 방만한 지출은 당장은 풍요로운 착시를 줄지 모르나, 결국 세대 간 불균형을 극대화하고 국가 신용이라는 무형의 자산을 갉아먹는 행위다.

실제로 2016년 이후 대한민국의 국가 재정 상황에는 심각한 경고등이 켜졌다. 2016년 626.9조 원 수준이던 국가채무는 2025년 기준 1,301.9조 원으로 급증했으며, GDP 대비 채무 비율 역시 34.2%에서 49.1% 선을 넘어서는 가파른 상승 곡선을 그렸다.(출처: 기획재정부) 이러한 급증세는 코로나19라는 특수 상황 이전부터 이미 시작되었으며, 세계적으로 유례를 찾기 힘들 정도로 빠른 속도다. 지방정부의 재정 자립도마저 하락하며 지역 공동체의 존립 기반이 위협받는 현실은, 우리가 누리는 번영이 실상은 미래 세대의 주머니를 미리 턴 결과가 아닌지 뼈아프게 질문하게 만든다. 보수주의자에게 재정 건전성은 경제 지표의 문제를 넘어, 미래 세대에 대한 도덕적 책임의 문제다.

구조 개혁과 공급 측 성장 전략
- 시장의 잠든 활력을 깨우다

재정 위기 앞에서 보수의 해법은 단순한 지출 삭감이나 긴축에 머무르지 않는다. 보수는 '성장 중심의 재정 전략'과 '공급 기반의 구조 개혁'을 통해 경제의 파이 자체를 키우는 근본적인 처방을 제시한다. 생산성을 향상시키고 민간 투자의 빗장을 풀며 질 좋은 일자리를 창출하는 공급 측 개혁이야말로 지속 가능한 성장을 향한 유일한 경로다.

특히 방만하게 운영되어 온 공기업의 비효율적 자산을 과감히 매각하고, 선심성으로 흐르는 불필요한 이전 지출을 과감히 삭감해야 한다. 동시에 정치적 외풍에 흔들리지 않는 강력한 '재정준칙'을 법제화하여 재정 운용의 일관성을 확보해야 한다. 이 재정정책 기조는 제2차 세계대전 직후 경제 파탄 상태였던 독일을 시장 친화적 정책과 작은 정부, 그리고 기업가 정신의 고양을 통해 '라인강의 기적(Das Wunder am Rhein)'으로 이끌었던 루트비히 에르하르트(Ludwig Wilhelm Erhard) 총리의 결단과 궤를 같이한다.

정부는 시장의 선수로 뛰는 대신, 시장이 원활히 돌아갈 수 있도록 제도와 인프라를 설계하는 '유능한 정원사'의 역할에 집중해야 한다.

미래 전략 산업에 대한 집중 투자와 규제 혁명

현재 대한민국 경제는 반도체, 이차전지, 인공지능(AI), 바이오 등 4차 산업혁명의 주도권을 쥐기 위한 사활을 건 경쟁 속에 있다. 보수주의는 이러한 전략 산업에 대해 단기적인 성과 중심의 지원이 아닌, 중장기적인 생산성 제고와 생태계 조성을 위한 체계적 투자를 추진해야 한다. 국가의 재정은 바로 이러한 기초 체력을 키우는 데 집중 투입되어야 한다.

규제 개혁은 이제 선택이 아닌 생존의 문제다. 낡은 포지티브 규제에서 벗어나 '허용되지 않는 것 외에는 모두 가능한' 네거티브 규제 체계로 완전히 전환해야 한다. 그래야만 하루가 다르게 진화하는 기술 혁신의 속도에 시장이 즉각 대응할 수 있다.

R&D 세액공제 확대와 융자형 R&D 제도 도입을 통해 혁신적 벤처 기업과 중소기업이 기술 투자에 망설이지 않도록 해야 하며, 공적 금융 기관 역시 단순 보증을 넘어 성과 중심의 파트너십으로 역할을 재정립해야 한다.

조세 제도와 부동산 시장의 정상화
- 중산층 복원의 사다리

상속세와 증여세의 개편은 경제 활력과 기업가 정신의 고양을 위한 핵심 과제다. 현재 한국의 최고 상속세율 50%는 OECD 국가 중 최고 수준이며, 이는 유망 기업의 해외 유출이라는 심각한 부작용을 낳고 있다. 상속세 체계를 물려주는 재산 기준이 아닌 상속받는 재산 기준의 '취득과세형'으로 전환하고 세율을 OECD 평균 수준으로 조정함으로써, 기업 승계가 원활히 이루어지고 자본이 국내 시장에 머물며 장기 투자를 이어가도록 해야 한다.

부동산 시장 역시 이념이 아닌 시장 논리로 정상화되어야 한다. 과도한 규제와 잦은 정책 변경은 불확실성이라는 독약을 시장에 뿌리는 행위다. 재건축·재개발 규제 완화, 보유세 및 양도세의 합리적 조정, 공시가격 제도의 투명한 개선을 통해 시장의 공급 기전을 회복시켜야 한다. 특히 청년층이 자산을 형성하고 주거 안정을 누릴 수 있도록 맞춤형 금융 지원과 자가 보유 촉진 정책을 과감히 시행하여 무너진 중산층의 기반을 다시 세워야 한다.

자유가 꽃피는 번영의 공동체를 향하여

궁극적으로 보수가 지향하는 재정 보수주의는 긴축, 즉 재정 아끼기(Austerity)가 아니다. 국가의 한정된 자원을 가장 효율적으로 배치하여 성장의 엔진을 다시 돌리는 '책임있는 성장 전략'인 것이다. 민간 중심의 경제 활성화, 공급 기반의 확충, 그리고 지속 가능한 구조로의 대대적 전환을 통해 개인의 자유와 공동체의 번영을 조화시키는 것만이 대한민국 보수가 이뤄내야 할 위대한 경제적 과업이다.

세계는 왜 보수에 열광하는가

02

사회적 약자를 위한 보수의 책무
"복지는 보수다"라는 역설의 승리

프레임의 전환
- 방어에서 공세로, 복지의 보수적 영토 확장

21세기 정치 지형에서 선거와 국정 운영의 성패는 더 이상 단순한 이념적 선명성 경쟁에 머물지 않는다. 이제 정치는 누가 더 중도층과 무당층, 그리고 서민의 삶을 구체적이고 실질적으로 개선할 수 있느냐를 다투는 프레임 전쟁의 한복판에 서 있다.

과거 우리 정치권에는 "경제와 안보는 보수, 복지는 진보"라는 이분법적 도식이 공고하게 자리 잡고 있었고, 이에 따라 보수 정당은 복지 담론이 제기될 때마다 늘 방어적이고 소극적인 태도로 일관해 왔다. 그러나 상대 진영이 "경제도, 안보도 우리가 더 잘할 수 있다"라며 보수의 전면을 공략해 오는 현실 앞에서, 보수가 선택할 길은 자명하다.

보수는 이제 진보의 어젠다인 복지를 양보할 수 없는 자신의 핵심 의제로 가져와야 한다. 사회적 약자를 누가 더 정교하고, 누가 더 지속 가능하게 보호하느냐는 경쟁에서 보수가 압도적으로 승리해야만 한다.

"복지는 곧 보수의 본령"이라는 명제가 유권자들의 상식이자 시대적 통념이 되는 날, 비로소 대한민국 정치의 중도 축은 무너진 균형을 회복하고 보수주의의 새로운 전성기를 맞이하게 될 것이다. 이 전략은 진보의 옷을 빌려 입는 것이 아니라, 보수가 원래 가지고 있던 공동체 수호의 책무를 현대적으로 재해석하여 제 자리에 돌려놓는 과정이다.

보수적 복지의 철학적 기초
- 자립을 위한 공정한 방어선 설정

보수주의가 복지를 강조하는 것은 결코 상대 진영의 의제를 마지못해 차용하는 비겁한 타협이 아니다. 복지는 보수주의의 근본적인 지향점인 '공동체 유지'를 위해 피할 수 없는 핵심적 책무다. 보수는 낙오자를 방치하는 차가운 사상이 아니다. 개인의 책임을 강조하는 보수 철학은 정글 같은 무한 경쟁 속에 약자를 내던지는 것이 아니라, 기회의 공정성과 실패 이후 다시 일어설 수 있는 '재기의 사다리와 따뜻한 동행'을 사회적으로 보장하는 따뜻하고도 실질적인 사상이다.

자유경쟁이 도덕적 정당성을 확보하기 위해서는 모두가 인정할 수 있는 공정한 출발선과, 최소한의 인간 존엄을 지켜주는 튼튼한 방어선이 동시에 구축되어야 한다. 이것이 바로 보수주의가 말하는 '책임 있는 자유'의 실체다.

보수적 복지의 중심 가치는 모두에게 똑같은 결과물을 기계적으로 나누어 주는 획일적 평등이 아니라, 누구나 자신의 잠재력을 발휘할 수 있도록 돕는 '기회의 공정성'에 있다. 단순히 빵을 일률적으로 나누는 것을 넘어, 스스로 빵을 만들 수 있는 능력을 배양하는 '공정과 상식의 복지'를 의미한다.

청년 세대를 위한 사다리 복원
- 소비적 지출이 아닌 미래를 위한 투자

보수가 그리는 청년 복지는 당장의 환심을 사기 위해 현금을 쥐어주는 '선심성 지원'에 머물러서는 안 된다. 청년들이 스스로 삶을 개척하고 공동체의 주역으로 성장할 수 있는 자립 기반을 실질적으로 제공하는 것이 보수의 최우선 과제다.

이를 위해 1) 직업 훈련의 획기적인 고도화, 2) 창업을 뒷받침하는 든든한 금융 안전망, 그리고 3) 주거 안정이라는 세 가지 축이 유기적으로 맞물려 돌아가야 한다. 특히 청년 맞춤형 금융 지원과 장기 고정금리 모기지 제도, 그리고 청년의 자가 보유를 촉진하는 정책은 무너진 중산층 진입 사다리를 복원하는 강력한 수단이다.

도심 내 청년 주택 공급을 확대하고, 공공택지를 청년들에게 우선 배정하며, 생애 첫 집을 마련하는 이들에게 취득세를 과감히 감면해 주는 정책은 '소모적인 복지 지출'이 아니다. 대한민국 미래를 위한 가장 확실하고 생산적인 '전략적 투자'다. 청년이 자산을 형성하고 주거의 안정을 얻어 심리적 여유를 가질 때, 비로소 청년들은 공동체의 질서를 지키고 계승하는 보수의 핵심 지지층이자 국가의 든든한 허리로 거듭날 수 있다.

고령화 시대의 현실주의 해법
- 노동을 통한 존엄과 제도의 지속 가능성

급격한 고령화 사회로 진입한 대한민국에서 보수의 복지는 장기 요양과 건강 복지의 지속 가능성을 확보하는 데 사활을 걸어야 한다. 신체적인 나이가 들었다는 이유로 사회의 외곽으로 밀어내는 것이 아니라, 일하기를 원하는 유능한 고령자들에게는 그들의 숙련된 경험과 노하우(know-how)를 사회에 환원할 수 있는 맞춤형 일자리를 제공해야 한다. 이것이야말로 '노동을 통한 존엄'을 지켜주는 진정한 의미의 보수적 복지다.

의료와 요양 시스템 역시 현실주의적 관점에서 다층적으로 개혁해야 한다. 노인 의료보험 제도를 정밀하게 정비하고, 건강보험 부과 체계를 소득 중심으로 공정하게 전환해야 한다.

또한 공공의료의 한계를 보완할 민영 건강보험과의 상호 보완적 관계를 새롭게 정립하는 것이 고령화 파고에 대응하는 보수의 영리한 해법이다. 퇴직자 재교육 프로그램을 강화하고 국민연금과 퇴직연금 체계를 합리적으로 조정하여, 세대 간 갈등을 방지하고 복지 제도의 영속성을 뒷받침해야 한다.

미래 세대를 위한 장기 투자
- 아동과 가족, 공동체의 영속성을 향하여

보수주의는 아동과 가족 복지를 행정복지적 차원의 사회 서비스의 일부가 아닌, 공동체의 영속성을 결정짓는 가장 중요한 '미래 생산성 투자'로 간주한다. 단기적인 현금 지원이라는 미봉책에 매몰되지 않고, 저소득층 자녀를 위한 고품질의 보육 및 교육 인프라를 국가가 책임지고 대폭 확대해야 한다. 공립 아동병원의 설립과 가족 중심의 돌봄 정책 강화는 무너지는 공동체 의식을 하부에서부터 되살리는 튼튼한 기반이 될 것이다.

특히 저출산 위기 대응에 있어 보수는 금전적 유인책을 넘어선 근본적 접근을 취해야 한다. '일과 가정의 양립'이 당연한 상식이 되는 문화적 환경을 조성하고, 가족이라는 공동체의 근본적 가치를 회복하는 데 국정의 역량을 집중해야 한다. 가정이 건강해야 공동체가 살고, 공동체가 활력을 유지해야 국가의 미래가 담보된다는 믿음이 보수 정책의 흔들리지 않는 뿌리가 되어야 한다.

복지 전달체계의 혁신
- 분산형 거버넌스와 민관 협력의 조화

복지의 내용만큼이나 중요한 것이 그것을 '어떻게 국민에게 전달하느냐'의 문제다. 진보 진영이 중앙정부 주도의 획일적이고 기계적인 평등에 집착한다면, 보수는 지역마다 다른 수요를 정교하게 반영하는 '지역 맞춤형 복지'를 추구한다. 돌봄과 요양 시스템은 철저히 지역사회 기반으로 설계되어야 하며, 이 과정에서 민간의 창의적 파트너십을 적극적으로 활용하여 공공의 경직성을 극복해야 한다.

복지 서비스는 중앙정부가 예산을 일방적으로 쏟아붓고 관리하는 하향식에서 벗어나, 지방정부와 민간 영역이 공동으로 책임을 지고 운영하는 '분산형 거버넌스(Decentralized Governance)'로 대전환되어야 한다. 국민건강보험이 필수적인 기본 보장을 책임지되, 민영 보험이 다양성과 선택권을 담당하도록 활성화하여 공공복지의 재정적 한계를 지혜롭게 보완해야 한다. 이러한 공공과 민간의 상호 보완적 조정이야말로 보수가 추구하는 실용주의적 복지의 정수다.

자립을 향한 실용적 연대와 보수의 미래

　보수에게 복지는 단순한 '소비'나 '시혜'가 아니라, 개인의 역량을 키우고 사회적 안전망을 튼튼히 하는 '생산적 투자'다. 공공과 민간의 역할을 명확히 구분하고, 각자의 영역에서 책임과 자율을 분명히 하는 체계적 개혁이 수반되어야 한다. 약자에 대한 일시적 연민에 기대는 정치가 아니라, 그들이 스스로 설 수 있는 '역량'과 '자립'을 중심으로 한 실용적 복지만이 공동체의 진정한 통합과 장기적 안정을 보장할 수 있다.

　정치란 결국 누가 국민의 신뢰를 선점하느냐의 싸움이다. 이제 "복지는 보수다"라는 선언은 더 이상 공허한 선거 구호로 남아서는 안 된다. 정책의 설계 단계부터 현장의 실천까지, 보수주의의 진정성을 유권자들에게 끊임없이 증명해 내야 한다.

　보수의 따뜻한 복지가 중도층의 마음을 얻는 가장 강력한 언어가 될 때, 우리는 비로소 다음 시대의 주도권을 되찾고 대한민국의 번영을 지속할 수 있을 것이다.

　　　　　세계는 왜 보수에 열광하는가

03

부국안민(富國安民)의 보수적 해석
성장을 넘어선 품격 있는 국가의 설계

고전의 재해석
- 정치의 본령으로서의 부국안민과 보수의 소명

'부국안민(富國安民): 나라를 풍요롭게 하고, 국민을 편안하게 함'이라는 네 글자는 단순히 수치상의 경제 성장률을 소수점 단위까지 관리하거나 복지 지출의 예산 규모를 기계적으로 늘리는 기술적 행정 행위를 의미하지 않는다. 국정 운영의 도덕적 나침반이자 정치라는 숭고한 업(業)이 궁극적으로 추구해야 할 근본적인 목적지이며, 보수주의가 지향해야 할 총체적 가치의 집약체다.

보수는 이 오래된 고전적 개념을 현대적 감각으로 재해석하여, 국가의 번영이 어떻게 국민 개개인의 평안한 삶으로 이어지는지에 대한 논리적 가교를 놓아야 한다.

부국(富國) 없는 안민(安民)은 신기루에 불과하며, 안민(安民)이 결여된 부국(富國)은 사상누각(沙上樓閣)과 같다. 보수는 부국안민을 실현하기 위해 가치 기반의 철학, 제도적 정합성, 그리고 실천적 실행 역량이라는 세 가지 핵심 축을 중심으로 국가 시스템을 재정립한다. 과거의 영광을 복제하는 것이 아니라, 축적된 지혜를 바탕으로 더 넓은 기회의 바다로 나아가는 보수의 시대적 소명이다.

첫 번째 축

가치 기반의 정치철학
- 흔들리지 않는 국정의 정체성

부국안민의 첫 번째 토대는 확고한 가치 위에 세워진 흔들리지 않는 정치철학이다. 자유민주주의, 법치주의, 그리고 공동체 중심의 시장경제는 단순히 선택 가능한 여러 제도 중 하나가 아니라, 대한민국이라는 국가 운영의 정체성이자 사회적 신뢰를 형성하는 최후의 보루다.

이념의 선명함은 소모적인 정쟁을 위한 도구가 아니라, 거센 시대의 파도 속에서도 국정의 방향타를 잃지 않게 하는 근원적인 힘이다.

보수는 현실의 변화에 따라 정책적 수단은 얼마든지 유연하게 선택할 수 있으나, 그 저변에 깔린 원칙만큼은 결코 타협하지 않는다. 특히 법치주의는 시민 각자의 자유와 안전을 보장하기 위한 최소한의 약속이며, 공동체에 대한 책임은 개인이 누리는 자유에 도덕적 정당성을 부여하는 유일한 근거다. 가치가 바로 선 국가에서만이 정책의 일관성이 유지되고, 국민은 예측 가능한 미래를 설계할 수 있다.

두 번째 축

제도적 정합성
- 작고 효율적인 유능한 정부의 설계

부국안민을 실현하는 두 번째 축은 제도의 정합성, 즉 '작고 효율적인 유능한 정부'를 구축하는 일이다. 현재 한국 사회는 거버넌스의 비대화와 복잡성, 그리고 그로 인한 정책 실행력의 저하라는 이중의 과제를 안고 있다. 보수주의가 지향하는 작은 정부는 단순히 양적 규모를 줄이는 것에 그치지 않는다. 그것은 행정 체계를 직관적으로 단순화하고, 모든 국정 운영을 책임 중심으로 전환하며, 성과 기반의 예산 구조로 전면 개편하는 질적 혁신을 의미한다.

재정 건전성은 국가라는 유기체가 지속되기 위한 기초 체력이다. 포퓰리즘에 기댄 무분별한 확장 재정은 당장 달콤한 만족을 줄지 모르나, 장기적으로는 국가의 생존 토대를 파괴하고 미래 세대의 기회를 박탈한다.

보수는 세금이 성장과 기회의 사다리를 놓는 곳에 집중적으로 투입되도록 설계해야 한다. 복지와 성장을 이분법적 대립 관계로 보는 낡은 시각에서 벗어나, 재정의 효율성과 사회적 안정 사이의 절묘한 균형을 찾는 것이 보수가 추구하는 제도적 정합성의 본질이다.

세 번째 축

실행 역량
- 성과로 증명하는 리더십의 품격

부국안민의 완성은 결국 실천적 실행 역량에 달려 있다. 화려한 비전과 고결한 철학도 그것을 실현할 유능한 리더십과 전문가 중심의 행정 시스템이 뒷받침되지 않으면 공허한 구호에 불과하다. 보수는 정무와 행정의 엄격한 분리, 정책 설계와 실행 부서 간의 유기적 협력, 그리고 결과에 대한 객관적인 성과 평가 체계를 국가 운영의 실질적 토대로 삼아야 한다.

정치의 최종 목적은 명분이 아니라 '국민의 삶이 실제로 나아졌는가'라는 성과에 있다. 이때의 성과는 국가 권력이 무엇을 해냈느냐가 아니라, 국민 개개인이 얼마나 많은 기회를 얻었는가로 측정되어야 한다.

보수는 모든 영역에 과잉 개입하는 '간섭자'가 아니라, 시장과 개인의 자율성을 극대화하는 '조력자'로서의 국가를 지향한다. 질서 있는 성장을 설계하되 그 안에서 창의가 만개하도록 돕는 것, 그것이 보수가 가진 실행 역량의 핵심이다.

2026년의 복합 위기와 보수의 전방위적 대응 전략

오늘날 우리가 마주한 부국안민의 과제는 과거 어느 때보다 복합적이고 다층적이다. 급격한 산업 전환과 기술혁명, 인구 구조의 격변, 에너지 안보 위기와 기후 위기, 그리고 한 치 앞을 내다보기 힘든 지정학적 리스크 등이 상호 작용하며 국가 운영의 복잡성을 증대시키고 있다. 이 거대한 소용돌이 속에서 보수주의는 시대의 변화에 흔들리지 않는 굳건한 원칙과 변화를 기회로 바꾸는 유연한 수단을 동시에 갖춰야 한다.

① 민간 주도의 혁신 성장

산업 전환의 파고를 넘기 위해 보수는 규제 개혁을 최우선 과제로 삼아야 한다. 서비스 산업의 생산성을 획기적으로 높이고 디지털 경제 생태계를 조성하는 일은 새로운 성장 동력 확보를 위해 필수적이다. R&D 세제 개혁과 특허의 산업화, 기술 금융의 활성화는 국가 전체의 생산성을 끌어올리는 전략적 병기가 될 것이다.

② 인적 자본을 위한 구조 개혁

인구 절벽 위기 앞에서 보수의 해법은 단순한 현금 지원이 아닌, 출산과 고령화 대응을 아우르는 전방위적 구조 개혁에 있다. 청년에게는 자산 형성의 사다리를 다시 놓아주고, 고령층에게는 축적된 경험을 사회에 환원할 지속 가능한 경제 활동 기회를 제공해야 한다. 아동과 가족 복지를 '생산성 기반의 투자'로 재설계하는 것은 인적 자본의 총량을 늘리기 위한 국가적 생존 전략이다.

③ 현실주의적 에너지 안보

기후 위기와 에너지 안보 대응에서도 보수는 철저한 현실주의를 견지한다. 재생에너지의 전략적 확대와 송배전망 확충은 물론, 무탄소 에너지의 핵심인 원자력 및 SMR(소형모듈원자로) 기술의 활성화는 국가 에너지 체계를 근본적으로 혁신할 과제다. 탄소 시장의 제도화와 기후 금융의 육성은 환경 보호와 산업 경쟁력이라는 두 마리 토끼를 잡는 전략적 수단이 될 것이다.

기회를 제공하는 국가, 안전한 공동체의 설계자

결국 부국안민은 국민에게 단순히 살아남는 '생존'을 넘어, 꿈을 꿀 수 있는 '기회'를 제공하는 국정 철학이다. 보수는 개인의 자율성과 공동체의 지속 가능성, 시장의 창의성과 국가의 전략 역량을 하나로 통합하는 강력한 리더십을 지향한다.

대한민국이 다시 한번 '잘 사는 나라, 안전한 사회'로 나아가는 길은 멀고 험난하지만, 보수가 부국안민의 진정한 가치를 회복하고 제도와 실행의 혁신을 멈추지 않는다면 우리는 어떤 위기 속에서도 미래의 번영을 설계할 수 있다. 부국안민의 길은 과거의 영광을 재현하는 길이 아니라, 축적된 지혜를 바탕으로 더 넓은 기회의 바다로 나아가는 보수의 소명이자 책임이다.

세계는 왜 보수에 열광하는가

04

제2부 현대 보수주의의 과제 | 복합 위기의 해법

시장경제와 법의 정당성
질서 있는 자유를 위한 규범적 토대

시장은 무법지대가 아니다
- 자유를 완성하는 법의 지배와 보수의 사명

보수주의가 지향하는 시장경제는 결코 국가의 개입이 전혀 없는 무제한적이고 방임적인 자유의 체계가 아니다. 시장이 그 본연의 효율성을 발휘하며 공동체의 번영을 지속적으로 이끌어내기 위해서는, 역설적으로 매우 단단하고 정교하게 설계된 '법의 토대'가 전제되어야 한다.

　많은 이들이 시장과 법을 대립적인 관계로 이해하곤 하지만, 보수의 관점에서 시장과 법은 자유라는 동전의 양면과 같다. 법이라는 튼튼한 울타리가 없다면 자유는 방종으로 흐르고, 시장은 힘 있는 자가 약한 자를 약탈하는 정글로 변질되기 때문이다.

　시장이 제대로 작동하고 구성원들 사이에서 흔들리지 않는 신뢰를 얻기 위해서는 세 가지 본질적인 조건이 충족되어야 한다. 첫째, 시장 내부에서 참여자 누구라도 승복할 수 있는 공정한 규칙이 살아 움직여야 한다. 둘째, 그 규칙을 위반했을 때 예외 없이 엄중하게 집행할 수 있는 신뢰받는 제도가 실존해야 한다. 셋째, 이러한 제도와 규칙이 정치적 외풍이나 일시적인 변덕에 흔들리지 않는다는 확고한 예측 가능성과 안정성이 내재되어 있어야 한다. 보수주의는 이러한 시장의 필수 조건들을 '법의 지배(Rule of Law)'라는 거대한 원칙 안에서 풀어낸다.

　보수주의자에게 법은 인간의 창의를 통제하거나 자유를 억압하기 위한 수단이 아니다. 오히려 복잡다단한 이해관계가 실타래처럼 얽힌 시장에서 최소한의 질서를 유지하고 구성원 간의 자발적 협력을 끌어내기 위한 '최소한의 공통 규범'이다.

　법이 불완전하거나 권력의 자의에 따라 집행되는 순간, 시장의 투명성과 효율성은 즉각적으로 훼손되며 곧 공동체의 신뢰 자본을 고갈시키는 결과를 초래한다. 진정한 자유주의 시장

　　　　　　　　　　세계는 왜 보수에 열광하는가

경제는 정의로운 질서 위에서만 만개할 수 있으며, 그 질서의 핵심은 법의 정의로운 설계와 일관된 집행에 달려 있다.

신산업의 도전과 법의 정당성
- 기술 혁명 시대의 파수꾼이자 촉진자

우리는 지금 플랫폼 경제의 확산, 인공지능(AI)의 고도화, 디지털 자산의 부상, 그리고 바이오 기술의 비약적 발전이 기존의 규범 체계를 빠르게 무력화시키는 격변의 시대를 살고 있다. 이러한 기술 혁명은 법의 정당성을 새로운 시험대 위에 올려놓고 있다.

기술의 속도가 법의 속도를 압도하는 이 시기에, 보수는 관성적인 규제나 관치적 통제라는 손쉬운 길을 택하지 않는다. 보수가 가야 할 길은 명확하다. 바로 '규제는 과감히 줄이되 법의 정합성은 획기적으로 높이는' 정공법이다.

국가가 시장에 사사건건 개입하여 혁신의 싹을 자르는 것은 보수의 방식이 아니다. 그 대신 보수는 원칙 중심의 규칙을 선제적으로 설계함으로써 시장의 안정성과 혁신의 역동성 사이에서 절묘한 균형을 도모한다. 예를 들어, 개인정보 보호와 데이터 활용 사이의 팽팽한 긴장은 단순한 기술적 충돌을 넘어 헌법적 가치가 부딪히는 지점이다. 보수는 알고리즘의 편향이나 불공정한 차별을 방지하는 도덕적 기준을 확립하면서도, 기업의 글로벌 경쟁력을 갉아먹지 않는 정교한 법적 기준을 마련해야 한다.

디지털 플랫폼의 독점적 횡포에 대해서는 법의 엄중함을 보여주어야 하지만, 그것이 신규 창업자들의 도전 의지를 꺾는 구조적 장애물이 되어서는 안 된다. 보수주의는 이러한 '시장 안의 정의'를 단순히 기술적인 난제로 치부하지 않는다. 국가가 책임지고 해결해야 할 가장 숭고한 공적 과제이자 정치의 본령이라 보는 것이다. 기술이 인간을 소외시키지 않고 공동체의 이익으로 환원되도록 규범의 틀을 짜는 일, 그것이 21세기 보수가 수행해야 할 법치주의의 현대적 사명이다.

보수주의의 세 가지 집행 원칙
- 시장의 신뢰를 구축하는 행정 윤리

보수가 새로운 시대적 과제를 해결함에 있어 견지해야 할 철칙은 세 가지로 요약된다. 첫째는 신속하되 절제된 개입이다. 시장의 혼란을 방치하는 무책임함도 경계해야 하지만, 국가의 개입은 언제나 필요 최소한의 범위 내에서 이루어져야 한다. 과잉된 법은 그 자체로 시장의 독이 되기 때문이다.

둘째는 엄격하되 투명한 기준의 확립이다. 규칙은 지위의 고하를 막론하고 누구에게나 엄중하게 적용되어야 하지만, 그 적용의 근거와 절차는 시장 참여자 모두가 납득할 수 있을 만큼 투명하고 공정해야 한다.

셋째는 예외 없는 법 적용의 일관성이다. 법이 강자 앞에서 굽고 약자에게만 서슬 퍼런 칼날이 된다면 그 시장은 이미 생명력을 잃은 것이나 다름없다.

이러한 원칙들은 단순한 행정 기술을 넘어 국민의 신뢰를 유지하고 공동체의 유대감을 지탱하는 정치의 기본 윤리다. 법 앞의 평등과 시장 내의 공정은 입으로만 외치는 추상적인 구호로 남아서는 안 된다. 사후 규제 중심의 유연한 집행, 투명한 규칙 설계, 그리고 다양한 이해관계자들이 상호 협력하는 거버넌스를 통해 구체적인 제도로 실현되어야 한다. 보수가 추구하는 유능함은 바로 이 지점에서 증명된다.

책임 있는 자유
- 실패의 사다리와 성공의 도덕적 무게

보수주의가 경제적 자유를 보장하는 것을 최고의 가치로 치는 까닭은 경제적 자유를 보장하는 것만이 인류를 번영으로 이끄는 가장 확실한 길이기 때문이다. 하지만 그 자유가 누군가의 특권으로 왜곡되어 타인의 기회를 박탈하는 것을 보수는 결코 용납하지 않는다.

진정으로 정의로운 보수는 시장의 치열한 경쟁에서 밀려난 이들에게 다시 도전할 수 있는 '재기의 사다리'를 법적으로 설계하고, 시장에서 막대한 성공을 거둔 자들에게는 그에 걸맞은 무거운 사회적 책임을 묻는다.

저자가 일컫는 '책임 있는 자유'란 단순히 부를 나누는 기술적 분배의 문제가 아니다. 자유시장이라는 거대한 체제 안에 '정의(Justice)'라는 푯대를 세우는 국가의 본질적 책무에 관한 문제다. 법은 이 숭고한 책무를 실행하는 가장 강력하고 유일한 도구다. 보수는 법의 설계 단계부터 집행의 마지막 순간까지 정의가 살아 숨 쉬게 해야 한다. 시장은 법의 보호 아래서만 번영할 수 있고, 법은 시장의 공정함을 통해 그 정당성을 확보하기 때문이다. 성공한 자의 노블레스 오블리주와 실패한 자의 재도전 기회는 법이라는 공동체의 약속 위에서 비로소 완성된다.

법치가 살아 숨 쉬는 시장, 보수가 걸어갈 길

결국 보수주의가 수호하려는 시장경제는 '법의 지배'라는 단단한 뿌리 위에서만 꽃을 피울 수 있다. 법을 경시하는 시장은 약탈의 장으로 전락하고, 시장의 역동성을 무시하는 법은 죽은 규범에 불과하다. 대한민국 보수는 이 둘 사이의 건강한 긴장을 유지하며, 법이 시장의 공정성을 담보하고 시장이 법의 정의를 실현하는 선순환 구조를 만들어야 한다.

이념이 질서를 흔들고 기술이 인간을 소외시키려는 시대일수록, 흔들리지 않는 법의 정당성을 세우는 일은 더욱 절실해진다. 보수는 법의 설계자이자 파수꾼으로서, 대한민국의 시장경제가 정의로운 법치 위에서 다시 한번 도약할 수 있는 토대를 닦아야 한다. 그것이야말로 우리가 직면한 수많은 혼란을 딛고 미래로 나아가는 가장 안전하고 확실한 보수의 길이다. 우리가 지키고자 하는 것은 단순한 기득권이 아니라, 법이라는 이름의 정의가 살아 숨 쉬는 자유의 터전이다.

05

한국형 보수개혁의 정책 방향
새로운 국가 비전의 설계자

관성을 넘어선 책임의 정치

- 보수개혁의 당위성

현대 보수주의는 결코 과거의 관성이나 기득권의 울타리에 안주하는 정치가 아니다. 보수는 우리 공동체가 지켜온 소중한 전통을 근간으로 하되, 변화하는 현실을 냉철하게 직시하고 더 나은 미래를 설계하는 '책임의 사상'이다.

21세기 대한민국은 산업구조의 급격한 격변, 전례 없는 인구 노령화, 글로벌 기술 패권 전쟁, 극심한 사회적 분열, 그리고 예측 불허의 외교·안보 리스크라는 '복합 위기'의 소용돌이에 직면해 있다. 이러한 시대적 격랑 속에서 한국 보수는 단순히 낡은 체제를 수호하는 자가 아니라, 대한민국이 나아가야 할 새로운 국가 비전의 설계자가 되어야 한다.

보수개혁은 이제 선택의 문제가 아니라 공동체의 생존을 위한 필수적인 결단이다. 시대의 요구에 응답하지 못하고 과거의 언어에 갇힌 보수는 대중의 지지를 잃을 것이며, 공동체의 신뢰로부터 멀어져 결국 역사의 뒤안길로 사라질 것이다.

따라서 한국형 보수개혁은 보수 특유의 이념적 선명성을 유지하면서도, 실제 국민의 삶을 변화시킬 수 있는 구체적인 실천 전략과 과감한 제도 혁신을 병행해야 한다.

① 민간 중심의 성장 전략으로의 전환
－ 자율과 창의의 엔진을 다시 돌리다

대한민국 경제가 보여준 경이로운 역동성의 원천은 언제나 국가의 명령이 아닌 민간 부문의 자발적인 열망에서 출발했다. 과거 고도성장기를 이끈 수출 산업, 외환위기 이후의 벤처 붐, 그리고 오늘날 전 세계를 매료시킨 K-콘텐츠의 성공 뒤에는 기업과 개인의 자율성이 있었다. 그러나 최근 우리 경제는 국가 주도의 포퓰리즘적 재정 확대와 과도한 규제의 그물망에 걸려 민간의 활력이 급격히 억눌리고 있다.

보수는 성장을 국가가 직접 마중물을 붓거나 설계하는 것이 아니라, 민간이 주도적으로 창의를 발휘할 수 있는 '환경'을 조성하는 데 모든 역량을 집중해야 한다. 글로벌 공급망 안보를 위한 전략 산업 육성, 디지털 대전환을 선도할 기술 R&D 투자, 그리고 에너지 안보를 뒷받침할 핵심 인프라 확충은 국가가 직접 사업을 하는 것이 아니라 민간이 안심하고 투자할 수 있는 '예측 가능성'과 '신뢰'의 제도적 틀을 만드는 작업이어야 한다.

특히 의료, 교육, 금융 분야에 겹겹이 쌓인 과잉 규제는 새로운 일자리 창출과 성장의 기회를 가로막는 보이지 않는 벽이다. 이러한 서비스 산업의 규제 개혁과 수도권 집중 완화는 정체된 국가 전체의 총요소생산성(TFP)을 끌어올릴 핵심 열쇠다. 정부는 이제 기업을 통제하고 지시하는 상전이 아니라, 그들의 혁신을 가로막는 돌덩이를 치워주는 조력자이자 파트너로 다시 자리매김해야 한다.

② 복지의 구조 개혁

– 효율적 타겟팅과 자립의 복원

보수주의가 지향하는 복지의 핵심은 선심성 현금 살포인 포퓰리즘적 보편주의가 아니다. 그것은 도움이 절실한 곳에 집중하는 '효율적 타겟팅'과 수혜자가 스스로 일어설 수 있도록 돕는 '자립 촉진'에 있다. 지금까지의 복지정책은 당장의 표를 얻기 위한 현금성 지원에 치중하여 국가 재정 건전성을 훼손했을 뿐만 아니라, 성실하게 일하는 중산층의 세 부담만 가중시켜 불필요한 사회적 갈등을 유발했다.

한국형 보수개혁은 복지를 단순히 세금을 쓰는 '소비'가 아니라 '사회적 안정과 미래 성장 잠재력을 확충하기 위한 투자'로 재정의해야 한다. 기초생활보장형 복지는 빈곤의 악순환을 끊어내는 최후의 보루가 되어야 하며, 기회보장형 복지는 교육, 의료, 주거와 같은 기본 역량을 국민이 공평하게 확보하는 데 집중해야 한다.

또한 중앙정부가 일괄적으로 집행하는 획일적 프로그램에서 벗어나, 돌봄, 요양, 장애인 지원 등은 지역사회의 특성을 반영한 '지역 맞춤형 설계'와 '지방정부-민간 파트너십' 기반의 전달 체계로 개편되어야 한다. 아울러 국민연금과 건강보험 등 주요 사회보험 제도의 지속 가능성을 확보하기 위한 구조 개혁은 다음 세대를 위한 보수의 피할 수 없는 시대적 소명이다.

③ 교육·노동시장 개혁과 청년의 자산 형성
– 희망의 사다리를 재건하다

오늘날 대한민국 청년들이 마주한 고통은 단순히 일자리가 부족한 고용의 문제에 그치지 않는다. 그것은 자산 형성 기회의 단절, 감당하기 힘든 주거 불안, 불공정한 경쟁 구조가 얽혀 있는 다층적인 위기다. 보수는 청년들에게 단순히 보조금을 주는 것이 아니라, 그들이 스스로 자산을 쌓아 올릴 수 있는 '희망의 사다리'를 복원해 주어야 한다.

교육 개혁은 단순히 입시 제도를 미세 조정하는 수준을 넘어, 인공지능 시대에 필요한 비판적 사고력과 협업 역량을 키우는 '학습 혁명'으로 전환되어야 한다. 교사의 자율성을 존중하는 상향식 개혁과 직업교육의 획기적 강화는 보수가 추구해야 할 교육 개혁의 이정표다.

동시에 노동시장의 이중 구조를 타파하여 청년들의 진입 장벽을 낮추고, 직무 중심의 공정한 보상 체계를 확립해야 한다. 청년 맞춤형 모기지 확대와 대출 규제(LTV·DTI)의 합리적 완화는 청년들이 내 집 마련을 통해 공동체의 주역으로 뿌리 내리게 하는 실질적인 수단이 될 것이다.

보수는 청년을 단순히 보호받아야 할 '지원 대상'이 아니라, 스스로 미래를 책임질 '당당한 시민'으로 대우해야 한다.

④ 지방분권과 광역거버넌스
– 자생력을 갖춘 공동체의 질서 회복

전 국토의 절반 이상이 직면한 지방 소멸 위기는 단순한 인구 통계의 수치가 아니라, 우리 사회의 근간인 공동체 자체가 해체되고 있음을 의미한다. 한국형 보수개혁은 수도권에 모든 권력과 자원이 집중된 중앙집권 체제를 끝내고, 광역거버넌스 기반의 '분권형 행정'으로 나아가야 한다.

지방정부는 이제 중앙의 지침을 수행하는 하급 기관이 아니라, 지역의 특성에 맞는 산업, 교육, 주거, 복지 정책을 통합적으로 설계하고 집행할 수 있는 전략적 주체가 되어야 한다. 스마트 특구와 창업 클러스터 등 지역 주도의 산업 정책 모델에 대해 국가는 재정과 인재 인프라를 전폭적으로 지원해야 한다. 진정한 균형발전은 중앙의 돈을 나누어 주는 시혜가 아니라, 지역 스스로가 자생력을 갖춘 '생활의 질서'를 회복하는 과정이어야 한다.

⑤ 신뢰받는 정치와 공공성 회복
- 유능하고 도덕적인 보수

마지막으로, 보수는 국민이 안심하고 기댈 수 있는 '공동체의 상식'을 회복하는 정치로 거듭나야 한다. 정치는 대중의 감정을 자극하거나 갈등을 선동하는 무대가 아니라, 국민의 실제 삶을 정교하게 설계하는 작업이어야 한다. 이를 위해 정치인 개인의 도덕성과 책임 윤리가 보수 정당의 가장 강력한 자산이 되어야 한다.

행정 부문 역시 전문성과 실행력을 갖춘 '유능한 정부'로 혁신해야 한다. 전문가 중심의 집행 시스템, 성과 중심의 예산 체계, 그리고 투명한 디지털 행정 개혁은 더 이상 미룰 수 없는 시대적 요구다.

보수주의가 말하는 '작은 정부'는 무기력한 정부가 아니라, 최소한의 개입을 하더라도 그것을 완벽하게 수행해 내는 '강한 운영 능력'을 가진 유능한 정부를 의미한다. 무능한 정부는 그 어떤 선한 의도도 실현할 수 없다는 사실을 보수는 명심해야 한다.

제2기 트럼프 행정부와 대한민국의 전략

제2장

트럼프의 복귀와 한미동맹의 재구성
가치와 실리의 새로운 균형

2025년 미국 대선에서 도널드 트럼프 전 대통령이 백악관으로 복귀한 사건은 단순한 미국의 정권 교체를 넘어, 제2차 세계대전 이후 국제 질서를 지탱해 온 전통적인 동맹 시스템의 근본적인 균열과 재편을 예고하는 중대한 분기점이 되었다. 트럼프 행정부 2기는 1기 당시보다 훨씬 정교하고 강력해진 '미국 우선주의(America First)'를 절대적 가치로 내세우며, 동맹국들에게 '무임승차론'을 앞세운 가혹한 책임과 비용 분담을 요구하고 있다.

대한민국에 있어 트럼프의 재집권은 70년 넘게 이어져 온 한미동맹의 정체성을 근본적으로 재정의해야 하는 엄중한 도전이다. 동맹은 이제 관성적인 외교적 예우나 과거의 헌신만으로는 유지될 수 없는 '거래적 현실'의 영역으로 진입했다. 대한민국 보수는 이러한 불확실한 환경 속에서 동맹의 본질적인 가치를 지키면서도, 자국의 전략적 이익을 극대화할 수 있는 최적의 균형점을 설계해야 하는 역사적 소명을 부여받았다.

한미 방위비분담특별협정(SMA) 협상의 파고와 '머니 머신' 프레임의 대응

트럼프 대통령은 재선 가도에서부터 한국을 '머니 머신(Money Machine)'이라 지칭하며, 현재의 방위비 분담 수준이 턱없이 낮다고 비판해 왔다. 2025년 상반기부터 본격화된 제12차 한미 방위비 분담금 협정(SMA)에 대한 재협상 압박은 보수 정부가 마주한 첫 번째 외교적 시험대다. 트럼프 행정부는 한국이 연간 100억 달러(약 14조 원)를 지불해야 한다고 주장하며, 바이든 정부 시절 합의된 연간 1조 5,192억 원 규모의 협정을 사실상 무력화하려 시도하고 있다.

보수는 이 지점에서 감정적인 대응을 지양하고 철저히 현실주의적인 협상 카드를 준비해야 한다. 방위비 증액 요구를 단순한 갈취로 볼 것이 아니라, 우리가 지불하는 비용이 주한미군의 안정적 주둔과 한반도 외의 역내 평화 유지에 어떻게 기여하는지를 명확히 수치화하여 역공을 펼쳐야 한다.

또한, 우리가 구입하는 막대한 규모의 미국산 무기 체계와 미국 내 대규모 투자 실적을 방위비 협상과 연계하는 '포괄적 거래' 전략이 필요하다. 트럼프가 강조하는 '원스톱 쇼핑' 방식, 즉 무역과 산업, 안보를 하나의 테이블에 올려놓고 협상하는 방식에 선제적으로 대응하여, 방위비 증액을 수용하되 그 반대급부로 핵잠수함 기술 이전이나 전략 자산의 상시 배치와 같은 실질적인 안보 이득을 챙기는 결단이 요구된다.

주한미군 감축론과 전략적 유연성의 함정

2025년 5월, 미 국방부가 주한미군 약 4,500명을 괌 등 인도-태평양 내 다른 지역으로 재배치하는 방안을 검토 중이라는 보도는 한반도 안보 지형에 거대한 충격을 주었다. 이 방침은 트럼프 행정부가 주한미군의 역할을 한반도 방어에만 국한하지 않고, 중국 견제를 위한 '전략적 유연성'의 핵심 자산으로 활용하겠다는 의지를 노골화한 것이다. 보수는 주한미군의 규

세계는 왜 보수에 열광하는가

모 유지를 위해 총력을 기울이되, 동시에 '미군 없는 한반도' 혹은 '감축된 미군'의 시나리오를 대비한 자주국방 역량 강화를 병행해야 한다.

주한미군의 감축은 단순히 병력 숫자의 문제가 아니라, 북한의 모험주의적 도발을 억제하는 상징적 인계철선(Tripwire)의 약화를 의미한다. 따라서 보수는 미국의 인도-태평양 전략에 기여하는 '기여 동맹'으로서의 역할을 확대하는 대가로, 한반도 방위의 핵심 전력을 유지시키는 고도의 외교력을 발휘해야 한다. 동시에 '한국형 3축 체계'의 완성도를 획기적으로 높이고, 독자적인 위성 감시망과 정밀 타격 능력을 확보하여 동맹의 변화가 안보 공백으로 이어지지 않도록 철저히 대비해야 한다.

통상 분야의 '경제 청구서'와 산업 주권의 사수

안보뿐만 아니라 통상 분야에서도 제2기 트럼프 행정부는 한국에 막대한 '경제 청구서'를 내밀고 있다. 미국 내 약 3,500억 달러에 달하는 대규모 투자 요구, 연간 1,000억 달러 이상의 미국산 LNG 및 에너지 수입 확대 압박, 그리고 반도체·배터리·조선 등 핵심 전략 산업의 생산 기지를 미국 내로 이전하라는 요구는 단순한 경제 협력을 넘어선 미국 산업 정책의 노골적인 연장선이다.

보수는 이러한 거친 압박 속에서 대한민국의 산업 주권과 핵심 기술 경쟁력을 사수하기 위한 정교한 전략적 협상을 이끌어야 한다. 진보 정부의 대응처럼 단순히 수치의 타결에 급급할 것이 아니라, 글로벌 공급망 내에서의 안전판 확보, 기술 이전 조건의 명확화, 그리고 디지털 주권의 사수 등 실질적인 국익이 반영된 새로운 통상 프레임을 창출해야 한다. 미국 내 일자리 창출이라는 트럼프의 명분을 세워주되, 우리 기업들의 핵심 기술 유출을 막고 국내 생산 기지의 공동화를 방지하는 세밀한 대응이 필요하다. 보수의 대안은 여기서 출발한다.

02

미·중 전략경쟁과 실리외교의 과제

원칙 위에 세운 실용

트럼프 대통령의 재집권은 미·중 전략경쟁의 긴장 수위를 유례없는 수준으로 고조시키고 있다. 대한민국은 미국의 인도-태평양 전략 참여, 대중국 반도체 수출 규제 공조, 그리고 역내 군사 협력 강화 요구 등 다면적이고 강력한 압박을 받고 있다. 동시에 중국은 지리적으로 인접한 최대 교역국이자 북핵 문제 해결을 위한 지정학적 이해관계자로서 여전히 중대한 전략적 고려 대상이다.

이제 대한민국은 미국과의 안보 동맹을 굳건히 하면서도 중국과의 경제 협력을 관리해야 하는 난제 속에서, 단순한 기계적 중립을 뜻하는 '균형외교'를 넘어선 '원칙 기반의 실리외교'를 확립해야 한다. 이를 위해 인권, 국제 질서, 경제 안보 등 각 사안별로 대한민국의 입장을 명확히 구분하는 '포지셔닝 외교'가 절실하다. 가령 안보적 측면에서는 미국 중심의 질서에 적극 기여하여 동맹의 신뢰를 확보하되, 경제 협력에 있어서는 철저히 실익을 중심으로 중국과 유연하게 조율하는 감각이 필요하다.

또한 기술 및 산업 정책에 있어서는 유럽, 동남아시아, 중동 국가들과의 협력을 다변화하여 특정 국가에 대한 의존도를 낮추고 전략적 독립성을 확보해야 한다.

보수는 냉전적 진영 논리에 매몰되는 것이 아니라, 복합적인 국제 환경 속에서 오직 국익을 기준으로 판단하는 다자외교 역량을 갖춰야 한다. 명분 없는 편들기가 아니라, 대한민국의 가치를 지키면서 실리를 챙기는 것이 보수적 현실주의 외교의 정수다.

03

북핵 위협과 복합 안보 전략
억지와 유연성의 이중주

북한은 대륙간탄도미사일(ICBM) 기술의 고도화와 핵무기 소형화를 지속적으로 공개하며, 사실상 국제사회에서 핵보유국 지위를 인정받으려는 벼랑 끝 전술을 고수하고 있다. 과거보다 훨씬 정교해진 미사일 타격 능력과 변칙적인 발사 수단은 기존의 한미연합 방위체계에 대한 근본적인 재점검을 요구한다.

대한민국 보수는 북한의 도발에 대한 단순한 강경 대응이나 실효성 없는 대화 일변도에서 벗어나, 강력한 억지력과 전략적 유연성을 동시에 갖춘 '복합 안보 전략'을 수립해야 한다.

군사적 억지력의 고도화와 외교적 압박 전선

우선 군사적 측면에서 대한민국은 '한국형 3축 체계'의 완성도를 획기적으로 높여야 한다. 도발 징후를 선제적으로 타격하는 킬체인(Kill Chain), 다층적인 한국형 미사일 방어체계(KAMD), 그리고 도발 시 압도적으로 응징하는 대량응징보복(KMPR) 역량의 운용 능력을 강화하고 실전 배치를 서둘러야 한다. 또한 동맹국 간의 실시간 정보 공유 체계를 확장하여 빈틈 없는 감시망을 구축해야 한다.

외교적으로는 미국, 일본뿐만 아니라 호주, 유럽연합(EU), 인도 등 보편적 가치를 공유하는 자유주의 동맹국들과의 연대를 강화하여 북핵 문제를 국제적인 차원의 압박 전선으로 확대해야 한다. 동시에 북한 주민의 인권 개선을 위한 인도적 지원, 민간 차원의 비정치적 접촉 유지, 이산가족 상봉 재개 등을 통해 '공공외교' 차원의 유연한 접근도 병행하며 북한 사회의 변화를 유도해야 한다.

대한민국 보수는 특히 북한의 체제 불안정이나 급변 사태 가능성에 대비한 '이중 구조 전략'을 채택해야 한다. '플랜 A'는 기능주의적 접근을 통해 점진적으로 남북 간의 통합을 이뤄가는 과정이며, '플랜 B'는 예기치 못한 급변 사태 발생 시의 즉각적인 대응책이다. 특히 급변 사태 시에는 한미 간의 긴밀한 작전 분담, 중국의 군사적 개입 차단을 위한 외교적 조율, 국내 치안 유지 및 대규모 난민 수용 체계 구축 등 국가의 명운을 건 전면적인 시나리오가 사전에 마련되어 있어야 한다.

04

글로벌 리더십과 중견국 외교
규범의 설계자로 서다

전통적인 자유주의 국제 질서가 후퇴하고 각국이 자국 이익만을 앞세우는 각자도생의 시대에, 대한민국은 단순한 추종자가 아닌 '중견국(Middle Power)'으로서의 새로운 역할을 정립해야 한다. 기존 국제기구에 단순히 분담금을 내거나 기여하는 수준을 넘어, 새로운 국제 규범의 설계 과정에 주도적으로 참여하고 정책을 제안하는 주체로서의 위상을 확립하는 것을 의미한다.

기후 변화 대응을 위한 탄소중립 기술 협력 모델 제시, 디지털 통상 분야에서의 신뢰 기반 국제 협정 주도, 보건 안보 위기 시 백신과 의료기기를 공공재로 제공하는 글로벌 허브 역할, 그리고 난민 문제에 대한 인도적 개입 확대 등에서 '한국형 모델'을 설계하고 이를 다자주의 채널을 통해 확산시켜야 한다.

또한 보수는 협소한 자국 중심주의에 매몰되지 않고, 책임 있는 글로벌 행위자로서 대한민국의 국격을 높이는 외교를 지향해야 한다. 우리의 규범이 세계의 기준이 될 때, 대한민국의 안전과 번영은 더욱 공고해진다.

05

통일 전략과 4강 외교
생존을 위한 양손 전략

　보수주의는 통일을 단순히 민족적 감성의 실현이나 당위적 과제로 보지 않고, 대한민국의 장기적인 생존과 번영을 위한 '국가 생존 전략'의 핵심으로 간주한다. 북한 체제의 불안정성과 비핵화의 교착 상태, 그리고 북한의 대중국 의존 심화는 장기적으로 한반도의 안보 지형에 치명적인 위협이 될 수 있다.

　따라서 보수는 상황의 변화에 기민하게 대응할 수 있도록 '플랜 A'와 '플랜 B'를 동시에 가동하는 '양손 전략'을 추진해야 한다.

플랜 A - 점진적 변화 유도

장기적인 교류와 협력을 통해 북한 사회 내부의 변화를 이끌어내는 기능주의적 접근이다. 남북 공동 보건 및 의료 협력, 농업 생산성 향상을 위한 기술 협력, 그리고 통신·에너지 등 기초 인프라의 공동 운영 등은 체제의 급격한 붕괴 없이도 통일의 토대를 넓히는 실질적인 방안들이다.

플랜 B - 질서 있는 통일 환경 조성

북한의 급변 사태 시 국제사회와의 긴밀한 공조 아래 질서 있는 통일을 달성하는 전략이다. 미국과는 비상시 군사적 역할 분담과 비상계획을 정교하게 조율해야 하며, 중국과는 한반도 통일 과정에서의 불개입 원칙을 사전에 명문화하는 외교적 노력이 필요하다. 또한 러시아와는 자원 개발 및 북극 항로 협력 등 경제적 실리를 매개로 하여 통일 과정에서의 우회적인 지지를 확보해야 한다. 일본과는 공동의 안보 이익 관점에서 통일 이후 동북아시아의 새로운 질서를 미리 협의해야 한다. 과거사 문제에 대해서는 국익에 기반한 현실적이고 미래지향적인 접근을 통해 실용적인 협력 관계를 공고히 해야 한다.

06

현대 보수 안보 전략의 과제
국가 전략의 통합적 재설계

현대 보수의 안보 전략은 다음의 다섯 가지 핵심 축을 중심으로 재구성되어야 한다.

① **체제와 정체성** : 자유민주주의 체제 수호와 대한민국 국가 정체성의 확고한 확립
② **자율적 동맹** : 한미동맹의 가치를 유지하되, 대한민국의 자율성을 확보한 전략적 동맹 설계
③ **중견국 다변화** : 다자주의 규범 주도를 통한 외교 무대

의 확장과 협력 다변화

④ **복합 안보** : 북핵 위협에 대응하는 강력한 군사적 억지
와 유연한 외교의 결합

⑤ **이중 통일 전략** : 점진적 통합과 급변 사태 대비를 동시
에 추진하는 전략적 유연성

이러한 포괄적 전략은 외교부나 국방부라는 부처의 장벽에 갇혀서는 안 된다. 교육, 산업, 과학기술, 에너지, 국토 안보, 보건 등 국가의 모든 역량이 유기적으로 연계되어 시너지를 내는 '국가 전략의 전면적 통합(Whole-of-Government Approach)'이 요구되는 시대이기 때문이다.

보수는 변화된 현실을 설계하고 새로운 미래를 창조하는 '책임 정치'의 주체가 되어야 한다. 흔들리지 않는 가치의 중심을 잡고, 정교한 설계와 유연한 수단을 통해 대한민국의 국가 정체성을 지켜내는 것. 그것이 바로 보수가 짊어진 시대적 소명이자 최후의 보루다.

보수주의와 공동체 정신의 회복

소외의 시대를 넘는 연대의 설계

제3장

보수주의와 공동체 정신
- 소외의 시대를 넘는 연대의 설계

보수주의는 개인의 천부적 자유를 가장 신성한 가치로 존중하면서도, 그 자유가 방종이나 고립으로 흐르지 않도록 지탱해주는 '공동체의 기반'과 '질서'를 중시한다. 자유는 진공 상태에서 존재할 수 없으며, 오직 건강한 공동체라는 토양 위에서만 비로소 그 실질적 의미를 획득하기 때문이다.

2026년 현재, 우리는 급변하는 기술 혁명과 산업 구조의 격변 속에서 개인이 과거 어느 때보다 심화된 고립을 경험하고 있으며, 사회를 지탱하던 유기적 유대는 빠르게 약화되고 있는 현장을 목격하고 있다. 이러한 파편화 현상은 공동체의 해체를 넘어 극단적인 확증편향과 정치적 양극화를 초래하며, 전 세계적으로 민주주의의 토대를 근본부터 위협하고 있다.

오늘날의 보수주의는 단순히 과거의 규범을 고수하는 수구(守舊)를 넘어, 와해된 공동체를 복원하고 파편화된 개인을 다시 잇는 새로운 형태의 연대를 설계해야 할 시대적 책무를 지닌다. 보수는 개인이 공동체 안에서 자신의 자리를 찾고, 타인과 연결됨으로써 삶의 의미를 발견하도록 돕는 정원사가 되어야 한다.

01

교육과 지역 공동체의 회복

무너진 기반을 다시 세우는
보수의 교육 개혁

공교육의 본질 회복
― 시민적 덕성의 함양과 자율성의 복원

현재 우리가 목격하고 있는 사교육의 폭증과 이에 따른 공교육의 위기는 단순히 학업 성취도의 저하나 국가 경쟁력의 약화라는 차원을 넘어선다. 시민사회의 공공성과 민주주의 질서를 뿌리부터 위협하는 중대한 실존적 위기에 다름 아니다.

본래 공교육은 사회 구성원들이 공동체의 일원으로서 가져야 할 책임, 협력, 그리고 규범을 내면화하는 인격 형성의 장소여야 한다. 하지만 오늘날의 교육 현장은 입시 위주의 무한 경쟁 구조와 비대해진 사교육 시장, 그리고 교사와 학교의 자율성 상실로 인해 그 본래의 공동체적 기능을 상실해가고 있다. 이 과정에서 우리 청소년들은 공동체 속에서의 소속감과 도덕적 책임감을 학습할 기회를 박탈당한 채, 단절된 개인으로 성장하고 있다.

보수는 교육 개혁의 방향을 '자율성과 공동체성의 복원'에 두어야 한다. '거꾸로 학습(Flipped Learning, 전통적인 수업 방식을 뒤집어, 학생들이 집에서 온라인 영상으로 이론을 미리 학습하고 교실에서는 토론, 실습, 팀 프로젝트 등 심화 활동을 하는 교육 방식)', '하브루타식 토론(짝을 이룬 학습자들이 서로 질문하고 대화하며 토론하고 논쟁하는 자기주도 학습법)', '프로젝트 기반 학습(PBL: Project-Based Learning, 학생이 실제 세상의 문제를 탐구하고 해결하는 문제를 수행하며 지식과 역량, 그리고 태도를 습득하는 학생 중심 교육 방식)' 등 학습자가 중심이 되는 혁신적 교수법은 교사의 전문성을 회복하면서도 학생들의 능동적 참여를 이끌어낼 수 있는 보수적 개혁의 길이다.

교육과정의 지나친 표준화에서 벗어나 각 지역의 역사성과 학교의 특색을 반영한 '공동체 기반 교육과정'으로의 전환은, 보수가 강조해 온 공동체 재건을 위한 가장 핵심적인 수단이다.

지역 공동체
- 생활권 생태계의 재설계와 자생력 확보

지역 공동체는 단순히 사람들이 모여 사는 물리적 공간 이상의 의미를 지닌다. 오늘날 지방 소멸 위기와 고령화 문제는 단순하게 인구 통계의 수치로 접근할 문제가 아니다. 우리 사회의 소중한 문화적 자산과 사회적 안전망이 통째로 붕괴되고 있음을 의미하기 때문이다. 보수가 구상하는 새로운 공동체는 가족, 학교, 일터, 의료, 문화 공간이 유기적으로 연결된 '생활권 생태계'여야 한다.

지방 정책은 단순히 인프라를 구축하는 수준을 넘어, 이 생태계의 존속과 재생을 위한 전방위적 재설계로 전환되어야 한다.

청년들이 지역에 머무르기 위한 조건은 단순히 주거비를 지원하는 미봉책이 아니다. 직업과 교육, 돌봄과 문화가 하나의 생태계 안에서 순환되는 총체적인 삶의 기반이 마련되어야 한다. 보수는 '전·현재의 정부에 이르기까지 지정된 특구'와 같은 거점을 통해 지역 산업과 교육을 밀착시키고, 지역 거점 대학을 중심으로 청년들이 수도권을 향한 이탈 없이도 자아를 실현할 수 있는 로컬(Local) 중심의 국가 전략을 관철해야 한다.

02

젠더 갈등, 세대 갈등에 대한
새로운 보수의 언어

존중과 공존의 질서

현대 사회의 젠더, 세대, 계층 간 갈등은 이제 단순한 이익의 충돌을 넘어 '정체성 기반의 분열'이라는 심각한 양상으로 치닫고 있다. 보수가 이 갈등 앞에서 침묵하거나 과거의 교조적 도덕률로만 대응한다면, 포퓰리즘의 확산과 혐오 정치의 부상을 막아낼 수 없다. 보수가 말하는 '전통'은 누군가를 차별하거나 배제하기 위한 도구가 아니라, 서로 다른 존재들이 상호 존중하며 공존할 수 있도록 만드는 품격 있는 질서여야 한다.

가족 공동체
- 장기 생애 설계의 토대와 가치의 회복

가족 정책은 공동체 복원 철학의 핵심이다. 초저출산 위기의 본질은 경제적 비용 문제를 넘어 '가족 공동체'라는 사회적 가치가 약화된 데 기인한다. 청년들이 결혼과 출산을 기피하는 것은 주거와 고용의 불안, 돌봄의 독박 부담, 그리고 미래에 대한 근본적인 불신이 복합적으로 작용한 결과다. 보수는 단편적인 현금 지원에서 벗어나, 청년들이 장기적인 생애 설계를 할 수 있도록 하는 정책적 기반을 제시해야 한다.

일과 돌봄의 균형이 가능한 유연한 노동 시스템, 청년 맞춤형 자산 형성 주거 패키지, 그리고 지역사회가 함께 아이를 키우는 공동보육 인프라는 보수가 제안하는 실효성 있는 대안이다.

특히 여성은 더 이상 돌봄의 수혜자가 아니라 공동체를 유지하고 발전시키는 핵심 주체로 재인식되어야 한다. 보수는 '여성=가사 노동'이라는 낡은 고정관념을 해체하고, 여성의 전문성이 공공 영역에서 정당하게 평가받고 보상받는 체계를 구축해야 한다.

세대 간 신뢰
- 다층적 복지 설계와 상생의 질서

세대 갈등 해결 역시 보수의 시급한 과제다. 고령층을 위한 복지 확대가 청년 세대의 일방적인 조세 부담으로 전가되지 않도록, 고령자들이 축적된 경험을 바탕으로 지속적인 경제 활동에 참여할 수 있는 환경을 조성해야 한다. 정년 연장과 임금피크제의 유연한 결합, 노년기 직무 전환 교육 프로그램 등은 세대 간의 신뢰를 회복하는 동시에 국가 전체의 생산성을 유지하는 현실적인 해법이다. 보수는 어느 한 세대의 희생을 강요하는 것이 아니라, 모든 세대가 공동체의 짐을 나누어 지는 상생의 질서를 설계해야 한다.

기술혁명 시대,
보수의 윤리와 제도 설계

질서 있는 진보

4차 산업혁명은 인간의 노동 본질, 윤리적 기준, 그리고 공동체의 구조 자체를 근본적으로 뒤흔들고 있다. 인공지능(AI)과 로봇 공학은 유례없는 편의를 제공하지만, 동시에 대규모 고용 불안과 비인간화라는 실존적 위협을 내포하고 있다.

보수주의는 기술을 맹목적으로 추종하거나 거부하는 이분법적 사고를 넘어, 기술이 인간을 소외시키지 않도록 만드는 '질서 있는 진보'를 설계해야 한다.

디지털 규범과 새로운 사회계약의 수립

인공지능의 윤리적 기준과 알고리즘의 투명성 확보, 데이터 주권 보호는 단순한 기술적 이슈가 아니라 공동체 전체의 거버넌스 과제다. 보수는 기업의 혁신적 자율성을 보장하되, 기술이 사회적 신뢰를 파괴하지 않도록 정교한 규범 체계를 마련해야 한다. 특히 노동시장은 평생교육과 직무 전환 훈련을 통해 기술의 진보가 개인의 도태로 이어지지 않도록 하는 '새로운 사회계약'을 준비해야 한다.

에너지 시스템 역시 디지털 전환과 분산형 전력망 도입을 통해 '지역 자율형' 구조로 전환되어야 한다. 송배전망 투자와 소형모듈원자로(SMR) 기술의 활용은 국가 안보와 환경적 지속가능성을 동시에 달성하는 보수의 현실주의적 에너지 전략이다.

04

복지정책의 보수적 재구성
책임 있는 자유와 자립

보수주의자에게 복지란 단순한 시혜가 아니라 공동체의 지속가능성을 담보하기 위한 질서의 문제다. 보수는 복지의 규모 자체보다 그 속에 담긴 '효율성'과 '책임성'을 중시한다. 과거의 낡은 보편 대 선별 이분법에서 벗어나, '맞춤형 복지, 성과 기반 복지, 자립 유도형 복지'라는 세 가지 기둥을 세워야 한다.

지속 가능한 사회안전망

국민연금 개혁은 세대 간의 형평성을 강화하고 기금 운용의 투명성을 높이는 방향으로 추진되어야 하며, 고용보험은 AI 시대의 노동 형태에 맞춰 플랫폼 종사자와 프리랜서까지 포괄하는 유연한 안전망으로 확장되어야 한다. 보건의료 체계는 고령자와 장애인을 위한 지역사회 기반의 '통합 돌봄 서비스'를 강화하고, 1차 의료 기관의 역할을 중심축으로 세워야 한다.

궁극적으로 보수의 복지는 재정을 낭비하는 소모적 지출이 아니라, 개인이 스스로 역량을 키워 공동체 속에서 존엄하게 살아가도록 돕는 '생산적 투자'여야 한다.

05

공동체 회복을 위한
보수의 시대적 과제

　오늘날의 보수주의는 단순히 과거의 문을 지키는 수문장이 아니다. 우리는 거대한 시대적 변화의 물결 속에서도 공동체의 핵심 가치를 지켜내고, 그 위에서 새로운 미래를 창조하는 '책임 정치'의 주체여야 한다.

　교육과 가족, 지역과 기술, 그리고 복지라는 사회의 근간을 되살리는 일은 더 이상 구호가 아닌 실천의 문제다. 공동체 없는 자유는 개인을 고립시키고, 질서 없는 변화는 사회적 대혼란을 초래할 뿐이다.

보수는 '더 강한 시장, 더 유능한 국가, 더 따뜻한 공동체'를 만드는 위대한 설계자로서 대한민국이라는 공동체의 토대를 다시 세워야 한다. 그것이 바로 우리가 2026년의 혼란을 딛고 다음 시대로 나아가는 보수의 진정한 사명이다.

제3부

성공하는 대한민국의 보수 정당

- 주류로 가는 길

대한민국 보수 정당은 건국과 산업화, 그리고 민주화라는 현대사의 거대한 물줄기 속에서 국가의 명운을 짊어진 주류 세력으로 자리를 지켜왔다. 그러나 오늘날 보수는 과거의 영광에 취해 변화하는 시대정신을 놓치고 있다는 통렬한 비판 앞에 서 있다. 우리가 다시 주류로 서기 위해서는 단순히 선거의 기술을 익히는 것이 아니라, 보수 정당의 체질을 뿌리부터 바꾸는 근본적인 혁신이 필요하다.

품격 있는 리더십

냉철한 이성과
따뜻한 인간미

제1장

리더십의 본질
- 두 세계의 균형

보수주의가 지향하는 리더십은 차가운 이성과 뜨거운 감성, 엄격한 원칙과 유연한 실용의 절묘한 균형점 위에서 출발한다.

리더에게 요구되는 단호한 결단력은 공동체를 지키는 방패가 되지만, 인간에 대한 깊은 이해와 공감을 상실할 때 권력은 오만해지고 대중으로부터 고립되기 마련이다. 반대로 따뜻한 온정만으로는 국가라는 거대한 유기체가 마주한 냉혹한 현실의 파고를 넘을 수 없다.

냉철한 현실 인식을 바탕으로 하되 공동체 구성원 한 명 한 명의 고통을 가슴으로 느끼는 인간미가 결합될 때, 지도자는 비로소 단순한 행정 관리자를 넘어 '통합의 리더'로 거듭난다.

보수주의가 말하는 '품격 있는 권력'의 전형이 바로 여기에 있으며, 불안의 시대를 살아가는 국민이 정치에 기대하는 최소한의 도덕적 조건이다.

원칙과 공감의 조화
- 보수 리더십의 실천적 좌표

원칙 없는 공감은 포퓰리즘이 되고, 공감 없는 원칙은 권위주의가 된다. 보수의 리더십이 두 세계의 균형을 핵심 명제로 삼는 까닭이 여기에 있다.

① 원칙을 지키면서도 공감하는 리더의 자세

진정한 보수적 리더는 '무엇이 옳은가'라는 질문을 회피하지 않는다. 재정 건전성, 법치주의, 안보 우선이라는 근본 원칙 앞에서는 인기를 거스르는 결단도 마다하지 않는다. 그러나 원칙의 실행이 국민의 삶에 미치는 파장을 외면하는 순간, 그 리더십은 정당성을 잃는다.

보수의 원칙이 살아 숨 쉬려면, 그 원칙을 적용받는 사람들의 눈높이에서 소통하는 겸허함이 반드시 동반되어야 한다. 시장의 효율을 강조하면서도 그 효율이 미처 보듬지 못하는 약자의 고통에 귀 기울일 줄 아는 자세, 국가 안보를 역설하면서도 전선 너머 일상을 살아가는 국민의 불안을 체감하는 감수성. 그 둘이 하나의 몸 안에서 공존할 때 비로소 보수의 리더십은 '차갑지만 따뜻한 설득력'을 갖추게 된다.

② 데이터 기반 판단과 현장 감각의 조화

정책의 출발점은 객관적 사실과 정밀한 데이터에 있다. 인구 구조의 변화, 재정 수지의 추이, 산업 경쟁력의 국제 비교 - 숫자가 말해 주는 현실을 직시하지 않는 정치는 허공에 성을 쌓는 것과 다르지 않다. 보수의 강점은 바로 이 냉정한 현실주의에서 나온다.

그러나 데이터만으로는 정책이 완성되지 않는다. 통계 너머에는 새벽 시장에서 좌판을 펼치는 상인의 한숨이 있고, 아이를 맡길 곳 없어 경력을 포기하는 부모의 절박함이 있다. 현장의 목소리를 듣지 않는 정책은 아무리 정교해도 국민에게 와닿지 않는다.

보수 정당의 리더는 한 손에 차가운 통계와 지표를 들고, 다른 한 손으로는 거친 국민의 손을 맞잡을 수 있는 용기가 있어야 한다. 국가 재정의 건전성을 지키면서도 한 끼 식사를 걱정하는 이웃의 사정을 헤아릴 줄 아는 판단력, 국제 경쟁의 냉혹한 논리를 꿰뚫으면서도 지역 소상공인의 호소에 응답할 줄 아는 감각. 데이터와 가슴이 만나는 지점에서 비로소 정책은 국민의 신뢰를 얻는다.

③ 전략적 사고와 따뜻한 통치의 접점

보수 정당의 리더는 천 년을 내다보는 혜안으로 미래를 설계하되, 지금 당장 추위에 떨고 있는 현재의 국민을 따뜻하게 껴안아야 한다. 국가의 장기적 이익을 집요하게 추구하면서도 그 과정에서 지켜야 할 원칙과 품격을 잃지 않아야 한다.

냉철한 머리와 따뜻한 가슴이 결합될 때, 리더는 비로소 단순한 권력자나 관리자에서 벗어나 '신뢰의 정치'를 이끄는 흔들리지 않는 방향타가 된다. 보수주의는 권위주의에 기댄 강압적 통치가 아니라, 국민이 마음 깊은 곳에서 기꺼이 따를 수 있는 품격 있는 지도력을 지향하기 때문이다.

국정운영의 철학
- 데이터와 가슴이 만나는 신뢰의 리더십

냉철함과 따뜻함의 조화는 단순한 개인의 기질이나 성격의 문제가 아니다. 그것은 국가를 어떻게 운영할 것인가에 대한 근본적인 철학의 문제다. 모든 정책 결정은 현실에 대한 객관적이고 정확한 인식에서 출발해야 하지만, 그 정책이 정당성을 얻는 순간은 숫자가 아니라 사람의 삶에 닿아 그들의 눈물을 닦아줄 때이다.

보수 정당의 리더는 천 년을 내다보는 혜안으로 미래를 설계하되, 지금 당장 추위에 떨고 있는 현재의 국민을 따뜻하게 껴안아야 한다. 국가의 장기적 이익을 집요하게 추구하면서도 그 과정에서 지켜야 할 원칙과 품격을 잃지 않아야 한다.

리더는 한 손에는 차가운 통계와 지표를 들고, 다른 한 손으로는 거친 국민의 손을 맞잡을 수 있는 용기가 있어야 한다. 냉철한 머리와 따뜻한 가슴이 결합될 때, 리더는 비로소 단순한 권력자나 관리자에서 벗어나 '신뢰의 정치'를 이끄는 흔들리지 않는 방향타가 된다.

보수주의는 권위주의에 기댄 강압적 통치가 아니라, 국민이 마음 깊은 곳에서 기꺼이 따를 수 있는 품격 있는 지도력을 지향하기 때문이다.

미래를 설계하는 통합의 상징

오늘날 우리 사회는 낮은 신뢰와 만연한 위기감으로 인해 갈기갈기 찢겨 있다. 이러한 시기일수록 보수 정당의 리더에게 요구되는 것은 과거의 향수를 복원하는 것이 아니라, 대전환의 시대를 돌파할 미래의 설계자가 되는 것이다. 지도자의 말 한마디와 행동 하나가 공동체 전체에 미치는 파장이 어느 때보다 크다.

따라서 보수 정당의 리더는 개인의 정치적 야망이나 기질을 넘어서, 국가와 국민을 하나로 아우르는 '통합의 상징'이 되어야 한다.

원칙 앞에서는 서슬 퍼런 칼날 같으면서도 국민 앞에서는 한없이 겸손하고 따뜻한 지도자, 품격 있는 언어와 책임 있는 행동으로 정치를 예술로 승화시키는 지도자. 그런 리더십이 서 있을 때 대한민국 보수주의는 다시 한번 국민의 가슴속으로 당당히 걸어 들어갈 수 있을 것이다.

경청과 직언

아첨을 거부하는 리더십의 용기

제2장

태공망

- 전략가를 넘어선 통치의 스승

중국 고대 주나라의 기틀을 세운 건국 책사이자 불멸의 병법가로 추앙받는 태공망(太公望, 또는 강태공 姜太公)은 단순히 전쟁의 승리를 위해 지략을 짜내는 참모에 머물지 않았다. 그는 혼란의 소용돌이 속에서 기회를 포착하는 비범한 지략과 더불어, 통치의 본질이 어디에 있는지를 꿰뚫어 본 '고언(苦言)의 대가'였다.

주나라 무왕(姬發)은 태공망을 신하가 아닌 스승으로 모셨으며, 제후국을 봉한 뒤에도 국가의 운명이 걸린 중대한 결정을 내릴 때마다 반드시 그와 의논했다. 태공망은 전장을 설계하는 전략가이기에 앞서, 권력의 정점에서 지도자가 빠지기 쉬운 오만을 경계하며 바른 소리를 주저 없이 던졌던 서슬 퍼런 직언의 인물이었다.

망국의 징조

- 듣고 싶은 말만 듣는 권력

무왕은 어느 날 태공망에게 통치의 요체를 물었다. "어째서 뛰어난 현자를 곁에 두고도 나라가 망하는 일이 생기는가?" 이에 태공망은 한 치의 망설임 없이 답했다. "그들을 불러 모아 장식처럼 세워두기만 할 뿐, 실제로 그들의 식견을 쓰지 않기 때문입니다."

무왕이 "어째서 그런 어리석은 일이 반복되는가?"라고 재차 묻자 태공망은 권력의 급소를 찌르는 단호한 답을 내놓았다. "지도자가 자신의 귀를 즐겁게 하는 칭찬만 들으려 하고, 뼈아픈 비판을 가하는 이에게 벌을 주기 때문입니다." 그는 이것이야말로 나라가 위태로워지는 가장 결정적인 이유라고 경고했다.

이 서늘한 문답은 수천 년의 세월을 건너온 오늘날에도 살아있는 교훈으로 통용된다. 리더가 달콤한 아첨을 진실한 진언으로 착각하고, 날카로운 직언을 자신에 대한 공격이나 비난으로 오인하는 순간, 공동체는 방향을 잃고 표류하게 된다.

보수 정치가 그토록 강조하는 '책임', '질서', '공정'이라는 가치는 리더가 자신의 오류를 지적하는 목소리를 수용하는 균형 위에서만 비로소 실현될 수 있다. 태공망이 간파했듯, 충직한 자는 미움을 사 죽임을 당하고 간사한 자들이 공로 없이 상을 받는 현실이 고착화된다면, 그 조직은 외형이 아무리 화려해도 이미 안으로부터 죽어 있는 것이나 다름없다.

보수의 뼈아픈 기억

- 지록위마의 비극

대한민국 보수 정당의 역사는 따가운 충고를 외면하고 권력의 단맛에 취했던 지도자들의 실패를 선명하게 기억하고 있다. 고언은 정적의 음해로 치부되어 묵살되었고, 그 자리를 채운 아첨은 국정의 방향을 심각하게 왜곡했다.

보수의 이름으로 거짓을 사실인 양 호도하고 민심의 경고를 무시했던, 이른바 간신들의 '지록위마(指鹿爲馬)'는 결국 국민의 준엄한 심판을 불렀고, 정권을 내어주는 비극으로 귀결되었다. 보수 정당을 '폐족(廢族)'이라 불릴 만큼 처참한 몰락으로 몰아넣었다.

아첨은 결코 보수를 돕는 동력이 아니다. 아첨은 리더의 눈과 귀를 가려 고립시키고, 끝내 당과 국가의 미래를 망치는 독약일 뿐이다.

태공망의 조언

- 인간의 도리와 국가의 정통성 모두 확립하다

태공망의 지혜는 적을 대하는 태도에서도 빛을 발했다. 은나라 정벌 직후, 무왕이 패전국의 백성들을 모두 처단해야 할

지 묻자 태공망은 이렇게 답했다. "사랑하는 사람의 까마귀조차 사랑스럽게 보이고, 미워하는 사람의 담벼락조차 밉게 보이는 것이 인지상정입니다. 그러나 분노와 보복으로 몰살하는 것은 진정한 나라를 얻는 길이 아닙니다."

태공망은 패전국의 백성들에게도 인간적인 도리를 지켜야 함을 역설했고, 이러한 포용과 절제 위에서 주나라 정치의 도덕적 정통성을 세웠다.

진정한 참모를 거두는 진정한 리더의 조건

진정한 참모는 단순히 전술적 승리를 가져다주는 기술자가 아니라, 지도자가 바른 선택을 내릴 수 있도록 혜안을 열어주는 존재다. 그리고 진정한 지도자는 그 고언이 아무리 '불편하더라도' 끝까지 경청할 줄 아는 사람이다. 오늘날 대한민국 보수 정당이 다시 국민의 신뢰를 얻어 일어서기 위해서는, 태공망이 무왕에게 던졌던 질문을 스스로에게 냉혹하게 던져야 한다.

① 우리는 '훌륭한 인재를 영입했다'고 자랑하지만, 정작 그들이 내놓는 쓴소리를 정책에 실질적으로 반영하고 있는가?

② 리더는 달콤한 아부와 뼈아픈 충언을 분별할 수 있는
밝은 눈을 가졌는가?
③ 리더의 주변에 날카로운 언어는 사라지고 오직 무색무
취한 찬사만 가득하지 않은가?

이 질문들은 보수 정당의 리더가 되려는 자가 매일 새벽 스
스로를 향해 묻고 마지막까지 고민해야 할 생존의 화두다.

고언을 듣는 힘은 단순한 겸손의 미덕이 아니라, 리더 자신
과 공동체를 지켜내는 유일한 방패다. 태공망은 권력자 앞에서
결코 고개를 숙여 진실을 굽히지 않았다. 그런 참모를 신뢰한
문왕(文王)은 덕치(德治)의 유산을 남겼고, 그의 아들 무왕(姬發)은
천하를 평정했다.

고언이 사라진 정치에는 미래가 없다. 보수는 단호해야 하
지만, 그 단호함이 자신의 오류까지 정당화하는 오만이 되어서
는 안 된다. 정직한 조언에 귀를 여는 리더만이 시대와 국민을
올바른 길로 이끌 수 있다.

인재 재생산

보수 정당은 왜
사람을 키우지 못하는가

제3장

지속가능성을 위협하는 인재의 가뭄

대한민국 보수 정당은 건국과 산업화의 주역으로서 한 세기에 가까운 시간 동안 국가 경영을 주도해 왔으나, 정당 내부에서 인재를 체계적으로 길러내거나 시대의 새로운 흐름을 주도할 리더십을 자생적으로 배출한 경험은 놀라울 정도로 희박하다. '보수는 사람을 키울 줄 모른다'는 비판은 이제 뼈아픈 수사가 아니라 보수 정당의 존립 근거를 위협하는 엄혹한 실존적 현실이다. 인재 재생산 체계가 멈췄다는 것은 단순히 인물난을 겪는다는 의미를 넘어, 대한민국 보수 전체의 미래와 지속가능성을 뿌리째 위협하는 치명적인 구조적 결함으로 이어지고 있다.

보수 정당은 오랜 기간 관료 집단이나 군 장성, 법조인 등 이미 사회적 권위와 전문성을 검증받은 '완성형 엘리트'를 외부에서 영입하는 경로에 전적으로 의존해 왔다. 이러한 방식은 정권 초기에는 정책적 안정성을 제공하는 장점이 있었으나, 정작 정당 내부에서 '현장형 리더'와 '정치 전문가'를 양성하는 자생적 생태계를 철저히 파괴했다.

지역 조직은 인재 육성의 요람이 아니라 중앙 진출을 위한 동원 기구로 전락했고, 당내에서 헌신하며 성장한 청년 정치인들은 선거 직전 영입된 외부 명망가들에게 밀려 설 자리를 잃었다. 보수는 스스로 인재를 파종하고 수확하는 법을 잊은 채, 남이 키운 나무를 빌려와 쓰는 '수직적 수혈 정당'의 굴레에 갇히게 된 것이다.

01

인재 양성의 단절
권력 중심주의와 엘리트 수혈의 함정

보수 정당은 오랜 기간 관료 집단, 군 장성, 법조인, 고위 공직자 출신 등 이미 사회적 권위와 전문성을 검증받은 소위 '완성형 엘리트' 경로에 전적으로 의존하여 후보를 발굴해 왔다. 이러한 방식은 정권 운영의 초기 단계에서 정책적 안정성과 전문 지식을 신속하게 제공하는 순기능을 수행했던 것도 사실이다. 그러나 이미 기득권화된 외부 인재를 손쉽게 데려다 쓰는 방식은 정작 정당이라는 토양 내부에서 '현장형 리더'와 '정치 전문가'를 양성하는 자생적 생태계를 철저히 파괴하는

세계는 왜 보수에 열광하는가

결과를 낳았다.

정치의 본질인 풀뿌리 민주주의는 지역의 밑바닥에서부터 사람을 키워 올리는 데서 시작된다. 하지만 보수 정당은 지역 조직을 인재 육성의 장이 아닌, 단순히 중앙 의회 진출을 위한 관문이나 선거 때만 가동되는 동원 기구로 전락시키고 말았다. 당내에서 헌신하며 성장한 당료나 청년 정치인들에게 기회를 주기보다, 선거 직전 인지도가 높은 외부 인사를 영입해 공천을 주는 행태가 반복되면서 당의 허리는 끊어졌다.

보수의 조직은 스스로 인재를 파종하고 수확하는 농부가 되기보다, 외부의 명망가를 빌려와 쓰는 '수직적 수혈 정당'의 굴레에 갇혀 버렸다. 조직의 자생력을 갉아먹고 당의 정체성을 희석시키는 치명적인 악순환인 것이다.

02

정당 학교의 실패
이벤트성 캐스팅과 쇼핑몰식 리더십

2010년대 중반 이후, 보수 진영 내부에서도 이러한 인적 고갈에 대한 위기감을 느끼고 여러 차례 혁신을 시도한 바 있다. 청년정치학교를 개설하고 당내 교육 기관을 강화하며 변화를 꾀했지만, 그 결과는 안타깝게도 '쇼핑몰식 리더십'이나 '공모형 캐스팅'이라는 한계에 머물렀다. 정당 학교는 진지한 정치인을 양성하는 도장이 아니라, 참신해 보이는 인물을 단기 속성으로 포장해 내보내는 이벤트 전시장으로 전락했다.

진정한 정치적 역량이란 짧은 강의나 몇 차례의 화려한 토론으로 얻어지는 것이 아니다. 현장에서의 치열한 고민, 유권자와의 호흡, 그리고 수많은 실패와 좌절의 시간이 누적되어 만들어내는 숙련과 숙성의 과정으로 얻어지는 전문성인 것이다.

그러나 보수 정당의 인재 양성 시스템은 개인의 정치적 수명이나 성장 경로와는 무관한 일회성 이벤트에 가까웠다. 그 결과, 정치적 훈련과 경험이 전무한 인물들이 이미지에 기대어 갑작스럽게 중책을 맡거나 공천을 받는 사례가 반복되었고, 결국 지도자 개인의 자질 논란을 넘어 정당 전체에 대한 신뢰 위기로 이어졌다. 준비되지 않은 리더십은 결국 지지자들에게 실망을 안기고 보수의 가치를 훼손할 뿐이다.

03

시스템을 압도하는 사적 관계
구조보다 충성, 시스템보다 사람

보수 정당이 인재를 체계적으로 키우지 못하는 또 하나의 결정적인 이유는 '충성' 중심의 왜곡된 인사 구조에 있다. 보수 정당 내부에서는 개인의 정책적 역량이나 공동체에 대한 헌신, 객관적인 성과보다는 '대선 캠프에서의 기여도'나 '누구의 라인인가'와 같은 사적인 관계망이 더 강력한 인사 기준으로 작동해 온 사례가 무수히 많았다. 실력 있는 인재보다는 말 잘 듣는 추종자를 선호하는 풍토는 유능한 신진 세력의 진입을 막는 거대한 장벽이 되었다.

당내 경선, 공천 과정, 심지어 국회 상임위 배정과 같은 정치인의 핵심 성장 경로가 투명한 제도에 의해 관리되지 못하고 유력 정치인의 관계망이나 파벌에 종속될 때, 유능한 정치인의 육성과 검증은 원천적으로 불가능해진다. 시스템이 사라진 자리를 개인에 대한 맹목적인 충성이 차지하게 되면, 정당은 공당으로서의 기능을 잃고 사람도 남지 않는 황무지가 된다.

유능하고 뜻 있는 인재들이 자신의 미래를 기약할 수 없는, 시스템 없는 정당에 머물 이유는 어디에도 없다. 결국 보수는 스스로 인재를 밀어내는 폐쇄적인 성채가 되어버린 셈이다. 보수가 주류로 복귀하려면 외부 수혈에서 탈피하여 내부 재생산 체계를 근본적으로 수립해야 하며, 실무 경험을 갖춘 인물들이 예측 가능한 경로를 통해 성장할 수 있는 '공정한 사다리'를 정립해야 한다.

04

보수 정당의 재건
수혈이 아닌 재생산 시스템으로의 대전환

대한민국 보수가 다시 국민의 신뢰를 얻고 시대의 주류로 당당히 복귀하려면, 정치적 리더십을 외부에서 일시적으로 빌려오는 '수혈'의 방식에서 완전히 탈피해야 한다. 이제는 정당 내부에서 스스로 인재를 '재생산'하는 근본적이고 제도적인 체계를 수립해야 할 시점이다. 단순히 보여주기식 정치학교 운영이라는 단기적 처방을 넘어, 지역 사회의 바닥에서부터 국회 보좌진, 그리고 정부 행정 부문을 아우르는 입체적이고 유기적인 인재 순환 구조를 구축해야 한다.

일정 기간 이상 실무적인 행정 경험을 쌓고 치열한 정치적 현장에서 단련된 인물들이 예측 가능한 경로를 통해 당과 국가를 이끌 수 있도록 공정한 사다리를 정립해야 한다. '정치가 사라진 보수'에는 단기적인 권력 투쟁과 눈앞의 이익을 쫓는 모리배들만 남을 뿐이지만, '사람을 키우는 보수'는 국가의 미래를 설계하고 책임질 수 있다. 오직 '사람을 남기는 보수'만이 공동체의 지속가능성을 담보하고, 진정한 의미의 성공하는 보수 정당으로 거듭날 수 있을 것이다. 인재는 보수의 가장 강력한 무기이자, 주류로 돌아가는 길을 밝히는 유일한 등불이다.

사람을 남기는 관계의 비밀

신뢰 기반의 운명공동체

제4장

제도보다 사람, 성과보다 관계
- 보수의 실존적 기초와 인간론

보수주의 리더십이 지닌 진정한 영속성은 정교하게 설계된 제도나 눈에 보이는 단기적 성과라는 앙상한 뼈대에 머물지 않는다. 그 깊은 뿌리는 결국 '사람'이라는 유기체와 그들 사이에 맺어진 '관계'라는 보이지 않는 실핏줄에 닿아 있다.

정치는 숫자로 증명되는 행정이 아니라 사람의 마음을 얻고 움직이는 고도의 심리적 과정이며, 경제는 이윤의 극대화를 넘어 신뢰라는 사회적 자본을 축적하는 여정이다. 모든 영역에서 성공하는 리더는 단순히 수치화된 결과물만을 남기고 사라지는 기능인이 아니다. 그는 자신과 함께 대의를 세우고 고락을 같이한 '사람'을 남기는 자다. 이 대목은 시대를 관통하고 이념을 초월하는 변하지 않는 통치의 진리다.

우리가 흔히 말하는 '사람 중심의 정치'는 단순히 인맥을 넓히거나 계산된 네트워크를 구축하는 기회주의적 행위가 아니다. 상대방에 대한 깊은 예의와 진정성, 그리고 그 위에 겹겹이 쌓아 올린 믿음의 성채인 것이다. 보수 정당 재건의 핵심 원리는 바로 이 지점에서 출발해야 한다.

사람과 인재는 결코 목적을 위한 수단이나 소모품이 될 수 없으며, 관계의 깊이가 곧 리더십의 크기와 조직의 생명력을 결정한다는 확고한 믿음이 전제되어야 한다. 기계적인 시스템이 인간의 온기를 대체하려 할 때 조직은 경직되지만, 신뢰가 흐르는 관계는 어떤 위기 앞에서도 무너지지 않는 공동운명체를 형성한다.

역사적 리더
- 대의와 희생을 품은 지도자들

이승만
불굴의 의지와 외교적 혜안으로 자유의 성벽을 쌓다

대한민국 보수의 뿌리와 정체성을 논함에 있어 건국 대통령 이승만의 존재는 단순한 역사의 한 페이지가 아니라, 오늘날 우리가 누리는 모든 자유의 근원적 설계도와 같다. 그는 구한말 고종의 전제 폭정에 맞서 민권 운동을 펼치다 옥고를 치렀던 청년 혁명가였으며, 반세기 넘는 시간을 해외에서 외교 독립 투쟁에 바친 선구적 전략가였다. 그의 리더십이 지닌 가장 큰 특징은 세계사적 흐름을 정확히 읽어내는 '거시적 안목'과 자유민주주의라는 가치에 대한 타협 없는 '확고한 신념'에 있었다.

　　1948년 건국 당시, 한반도는 극심한 좌우 대립과 국제 정치의 이해관계가 얽힌 혼란의 용광로였다. 이러한 절망적인 상황 속에서도 대한민국을 공산주의의 위협으로부터 지켜내고 자유민주적 기본 질서 위에 세운 것은 그의 냉철한 이성이 거둔 위대한 승리였다. 특히 6·25 전쟁의 포화 속에서 이끌어낸 '한미상호방위조약'은 대한민국 안보의 영원한 초석이자, 보수주의 외교의 정수인 '힘을 통한 평화'를 제도적으로 안착시킨 역사적 결단이었다. 그는 당시 압도적인 전력 차이를 냉정하게 직시하고 미국의 지원을 이끌어내기 위해 자신의 모든 외교적 역량을 쏟아부었으며, 이는 명분보다 국가의 생존과 번영을 우선시한 보수적 현실주의의 전형적인 사례로 평가받는다.

　　또한 그가 단행한 '농지 개혁'은 공산주의의 사상적 침투를 원천 봉쇄하고, 대다수 국민을 자영농으로 육성함으로써 시장 경제와 민주주의가 뿌리내릴 수 있는 사회적 토양을 마련했다. 비록 공과에 대한 치열한 논쟁이 존재하나, 그가 닦아 놓은 자유와 번영의 기초 위에서 비로소 오늘의 대한민국이 존재한다는 사실은 부인할 수 없는 역사적 진실이다.

백범 김구

갈등의 용광로를 녹인 신뢰의 인프라

대한민국 임시정부를 이끌었던 백범 김구 선생의 리더십은 '사람을 남기는 정치가 어떻게 국가의 기틀이 되는가'를 보여주는 최상의 전형이다. 당시 임시정부 내부는 좌우 이념의 극심한 대립은 물론, 출신 지역과 독립 투쟁의 노선을 둘러싼 정파 간의 격렬한 갈등으로 인해 한시도 평온할 날이 없었다. 해체와 분열의 위기가 일상화된 척박한 환경이었으나, 김구 선생은 그 풍랑 속에서도 특유의 포용력과 진정성으로 신뢰할 수 있는 인물들을 곁에 남겼다.

백범 김구가 남긴 사람들은 백범이라는 인격적 구심점에 매료되어 생사를 함께하기로 결심한 동지들이었다. 일제 강점기 말기, 무너져가던 임시정부가 다시금 재건되어 광복을 준비하고 건국을 설계할 수 있었던 원동력은 화려한 이론이 아니라 김구 선생이 평생을 걸쳐 닦아 놓은 그 '사람들의 토대' 위에서 가능했다.

사람을 남기는 정치가 단순히 개인 간의 호오를 넘어, 국가적 과업을 완수하는 결정적인 무형의 인프라가 될 수 있음을 시사한다. 지도자가 남긴 인재는 그가 떠난 뒤에도 공동체의 운명을 지탱하고 대의를 계승하는 살아있는 기둥이 된다. 보

수는 바로 이 '인적 연속성'의 가치를 무엇보다 소중히 여겨야
한다.

박정희와 경제 거인들
신뢰 기반의 공동 운명체

박정희 전 대통령은 조국 근대화와 산업화라는 거대한 국가
적 사명을 수행함에 있어 사람을 남기는 기술을 고도의 통치
전략으로 승화시켰다. 그는 관료 조직의 위계에만 의존하지 않
았으며, 국가 경영의 파트너로서 재계의 인물들과 긴밀하고도
두터운 신뢰 관계를 유지했다. 현대그룹의 정주영, 대우그룹의
김우중 등 당대의 기업가들과 맺은 관계는 흔히 오해받는 정경
유착의 수준을 아득히 뛰어넘는 것이었다.

그 관계의 본질은 대한민국 경제 재건이라는 거룩한 목표
아래 '함께 만들기(Co-creation)'의 파트너십을 구축한 '신뢰 기
반의 공동운명체'였다. 리더가 기업가들의 무모해 보이는 창의
와 도전 정신을 전폭적으로 신뢰하고 그들이 마음껏 뛸 수 있
는 멍석을 깔아주었을 때, 기업가들은 자신의 모든 것과 기업
의 명운을 걸고 그 신뢰에 응답했다. 리더의 믿음이 민간의 잠
재력을 폭발시키는 기폭제가 된 것이다.

이러한 인간적 신뢰와 전략적 파트너십은 훗날 '한강의 기

    세계는 왜 보수에 열광하는가

적'이라 불리는 세계사적 경제 성장의 가장 비옥한 토양이 되었다. 보수의 리더십은 이처럼 사람의 능력을 믿고 그가 스스로 증명할 기회를 부여하는 '신뢰의 마중물'이 되어야 한다.

김영삼과 김대중
적대적 공생을 넘어선 존중의 동반자 관계

김영삼 전 대통령과 김대중 전 대통령의 관계는 경쟁이 어떻게 공동체의 품격을 높일 수 있는지를 보여주는 성숙한 리더십의 교본이다. 두 사람은 민주화 운동의 오랜 동지이자 가장 강력한 라이벌로서 평생을 치열하게 경쟁했다. 그러나 역사적 관점에서 그들의 궤적을 복기해 보면, 그들은 서로를 무너뜨려야 할 파멸의 대상이 아니라 대한민국 민주주의라는 거대한 수레바퀴를 함께 굴려간 동반자였다.

김영삼 전 대통령은 정치적 경쟁이 가져오는 긴장을 사적인 원한이나 인간적 균열로 전락시키지 않았다. 그는 차이를 견뎌내고 상대의 존재를 인정하며 공동의 미래를 향해 인내할 줄 아는 보수적 금도를 가졌다. 상대를 적으로 규정하여 말살하려는 급진적 충동 대신, 경쟁자 속에서 동료애를 발견하고 역사의 동행자로 대우했다. 상대를 인정함으로써 자신의 품격을 세우는 이러한 태도는 보수주의 리더십이 갖춰야 할 '공존의 미학'이다. 진정한 강자는 상대를 파괴하는 자가 아니라, 상대와 함께 역사의 지평을 넓히는 자다.

이명박
이념을 넘어선 실용의 연대와 '글로벌 거버넌스'의 확장

보수주의 리더십의 또 다른 지평을 연 이명박 전 대통령의 관계론은 '명분'보다 '실리'를, '진영'보다 '해결'을 우선시하는 실용적 관계 맺기(Pragmatic Networking)의 정수를 보여준다. 그는 평생을 기업 현장에서 보낸 경영자 출신답게, 정치를 단순히 권력의 쟁취로 보지 않고 '문제를 해결하기 위한 최적의 조합을 찾아내는 과정'으로 정의했다. 이명박 대통령에게 관계란 단순히 친소 관계를 따지는 인맥이 아니라, 국가적 과제를 완수하기 위해 국내외의 모든 역량을 하나로 묶는 '전략적 자산'이었다.

① 기업가적 동료애
'해본 사람'들의 신뢰 공동체 이명박 전 대통령의 주변에는 유독 '현장 전문가'들이 포진해 있었다. 그는 학벌이나 계파라는 전통적인 정치적 잣대 대신, 구체적인 성과를 낼 수 있는 실전 역량을 가진 인물들을 중용했다. 이 대목은 보수 정당이 흔

히 빠지기 쉬운 관료주의적 경직성을 타파하고, 조직에 활력을 불어넣는 인적 혁신으로 이어졌다. "해보기나 했어?"라는 정주영 회장의 정신을 공유하는 이들과 맺은 관계는 단순한 상하 관계를 넘어, 불가능해 보이는 목표를 향해 함께 돌진하는 '도전적 파트너십'의 성격을 띠었다. 이러한 실무 중심의 관계 맺기는 청계천 복원, 대중교통 체계 개편 등 복잡한 이해관계가 얽힌 난제들을 돌파하는 결정적인 동력이 되었다.

② 글로벌 네트워크

세계 정상들과의 '비즈니스 프렌드십' 이명박 전 대통령의 관계 리더십이 가장 빛을 발한 지점은 단연 외교 무대였다. 그는 재임 기간 중 G20 정상회의 유치, 원전 수출, 녹색성장기금(GCF) 유치 등 대한민국 외교의 지평을 중견국 리더십으로 확장했다. 이 성과는 단순한 국가 간 외교를 넘어, 각국 정상들과 맺은 깊은 개인적 신뢰가 있었기에 가능했다. 그는 정상 외교를 격식에 치우친 의전이 아니라, 대한민국의 가치를 팔고 신뢰를 사는 '비즈니스 협상'으로 치환했다. 오바마 대통령과의 보수·진보정당 소속을 뛰어넘는 긴밀한 한미 공조, 중동 리더들과의 '형제적 유대'는 대한민국이 글로벌 금융 위기를 가장 먼저 극복하고 세계의 중심 국가로 도약하는 데 핵심적인 인적 인프라가 되었다.

③ 갈등의 실용적 중재

'국익'이라는 공통분모 위에서의 대화 그는 이념적 선명성을 강조하기보다, 서로 다른 입장에 있는 이들을 '국익'이라는 실질적인 목표 아래 모으는 데 탁월했다. 대립하는 정파나 사회 세력과 마주했을 때, 그는 명분 싸움에 매몰되지 않고 "이것이 국민의 삶에 어떤 실질적 이득을 주는가"를 집요하게 물었다.

이러한 실용주의적 접근은 보수 정당이 이념의 틀에 갇히지 않고 외연을 확장할 수 있는 유연성을 제공했다. 리더가 사람을 대함에 있어 이념적 검증보다 실천적 의지를 먼저 보았을 때, 보수는 비로소 유능한 집단으로 거듭날 수 있다는 것을 그는 자신의 리더십으로 증명했다.

④ 유능함에 대한 신뢰

이명박 전 대통령이 남긴 관계의 비밀은 결국 '유능함에 대한 신뢰'에 있다. 리더가 유능한 인재를 알아보고, 그들에게 명확한 목표를 부여하며, 성과를 낼 수 있도록 끝까지 믿어줄 때 조직에는 활기가 돌고 사람은 남는다. 정치적 수사보다 결과로 말하는 그의 관계론은, 오늘날 보수가 되새겨야 할 '유능한 보수'의 핵심 자산이다. 결국 사람을 남긴다는 것은 그 사람의 역량이 국가를 위해 쓰일 수 있는 길을 열어주는 것이며, 그 길을 함께 걸어간 동지들의 성취감이 보수 정당의 가장 강력한 전통이 된다.

당신과 함께했던 사람이 당신을 증명한다

오늘날 갈등과 파편화가 만연한 정치 현장에서 보수주의 리더가 되고자 하는 자는 스스로에게 뼈아픈 질문을 던져야 한다. "나는 얼마나 많은 인맥을 가졌는가"가 아니라, "나는 누구에게 얼마나 깊은 신뢰를 주고 있으며, 나를 위해 기꺼이 헌신할 사람이 누구인가"를 물어야 한다. 정치, 행정, 기업, 시민사회 그 어디에서든 리더와 함께 일했던 동료와 후배들은 훗날 그의 리더십을 평가하는 가장 강력하고 정직한 증언자가 된다.

권력을 가졌을 때 남긴 화려한 외형적 성과나 수치적 업적은 시간이 흐르면 빛이 바래고 퇴색하기 마련이다. 그러나 함께했던 사람들이 가슴 깊이 느끼는 신뢰와 존경은 세대를 넘어 역사로 남는다.

결국 지도자의 업적을 증명하는 것은 지도자 자신의 변명이 아니라, 그와 함께 험로를 걸었던 사람들의 삶과 증언이다. 사람은 곧 관계의 매듭이고, 관계는 곧 역사의 기록이다. 공동체를 운영하는 지도자에게 사람을 남기는 것은 선택할 수 있는 덕목이 아니라 존재의 필수 요건이다. 관계의 중심에 진정성 있는 사람이 서 있다는 사실, 그것이 바로 보수 정당의 리더십이 미래 세대에게 물려주어야 할 가장 위대한 유산이자 최후의 보루다.

제5장

시대정신과 실천 전략

질서 있는 진보를 향하여

시대정신은 어떻게 형성되는가
가치 체계로서의 응축

　시대정신(Zeitgeist)은 단순히 그 시기에 유행하는 담론이나 대중적 단어가 아니다. 시대정신은 특정 시대에 공동체가 직면한 가장 핵심적이고 절박한 과제들을 해결하기 위해 응축된 하나의 거대한 '가치 체계'다.

　정치 지도자가 개인의 뛰어난 신념이나 능력만으로 평가받지 않고, 그가 시대정신을 얼마나 정확하게 읽어내고 그에 걸맞게 대응했는가에 따라 역사의 심판이 달라지는 이유가 바로 여기에 있는 것이다.

역사는 수많은 정치 지도자를 기록하지만, 오직 시대정신을 정확히 읽어내고 그 부름에 응답한 이들만이 진정한 리더로 기억된다. 정치인의 실력은 개인의 신념을 관철하는 고집이 아니라, 파편화된 대중의 요구 속에서 시대가 나아가야 할 단 하나의 방향타를 찾아내는 혜안에서 증명된다.

역사적 사례
- 시대의 부름에 응답한 리더들

1930년대 세계 대공황의 참화는 인류에게 새로운 생존 문법을 요구했다. 당시 미국의 루스벨트 대통령(Franklin D. Roosevelt)은 자유시장 자율주의가 해결하지 못한 대규모 실업과 빈곤이라는 실존적 위기 앞에서 '뉴딜'이라는 전례 없는 국가 개입 정책을 단행했다. 그 시점에서 요구된 시대정신은 단순히 각자도생하는 방임적 자유가 아니라, 공동체의 존립을 위해 국가가 최소한의 안전망을 구축하는 '자유에 기반한 구조적 연대'였다.

반대로 1980년대 영국과 미국은 과도한 국가 개입과 복지 포퓰리즘의 늪에 빠져 성장이 멈추고 사회적 활력이 고갈된 상태였다. 이때 영국의 마거릿 대처(Margaret Hilda Thatcher)와 미국의 로널드 레이건(Ronald Reagan)은 규제 완화, 민영화, 노동 개혁을 통해 '자율과 경쟁'이라는 보수주의적 시대정신을 부활시켰다. 이러한 정책들은 분배에 치우쳐 혁신의 동력을 잃은 사회에 대한 보수주의적 반작용이자, 다시 뛰는 국가를 만들라는 시대적 요청에 대한 응답이었다. 위대한 리더는 이처럼 시대가 무엇을 간절히 원하는지 가장 먼저 포착하여 이를 구체적인 정책적 실천으로 옮긴 이들이다.

21세기 보수의 새로운 사명
- 질서 있는 진보

이제 21세기 초입의 보수주의는 과거의 유산이나 낡은 이념의 반복만으로는 그 정당성을 확보할 수 없다. 냉전 체제하의 반공주의나 외형적 성장 지상주의, 혹은 무조건적인 시장 자유만을 외치는 교조적 보수는 변화된 세상을 설득할 수 없으며 결국 도태될 수밖에 없다. 오늘날 우리는 잠재적인 팬데믹의 위협, 악화일로의 기후 위기, 국가의 존립을 위협하는 인구 절벽, 그리고 디지털 전환이 초래한 노동의 종말이라는 '복합 위기'의 한복판에 서 있다.

이 거대한 전환기에서 보수의 새로운 사명은 '질서 있는 진

세계는 왜 보수에 열광하는가

보'를 제안하는 것이다. 오늘날의 보수주의 리더는 과거의 신념을 기계적으로 되풀이하는 수문장이 되어서는 안 된다. 오히려 복잡해진 사회 구조 속에서 개인의 창의를 극대화하면서도 공동체의 붕괴를 막을 수 있는 세밀한 안전망을 설계하는 실천가가 되어야 한다. 변화의 방향을 선제적으로 설계하되 그 과정에서 지켜야 할 가치를 놓치지 않는 태도, 그것이 21세기 보수가 걸어가야 할 길이다.

02

한국 보수 정당이
직면한 시대적 과제
균형의 예술

대한민국 사회는 지금 거대한 문명사적 전환의 한복판을 지나고 있다. '성장과 지속가능성', '개인의 자유와 공동체의 연대', '국익 중심의 외교와 글로벌 책임'이라는 가치들이 서로 충돌하고 교차하는 지점에서 우리는 새로운 균형점을 찾아야 한다. 이제 보수는 어느 한 극단으로 치우쳐 갈등을 증폭시키는 세력이 아니라, 긴장감 있는 균형을 조율하고 사회적 합의를 이끌어내는 '조정자'의 역할을 자임해야 한다.

경제 구조 전환의 리더십
- 성장을 넘어선 성숙으로

저성장과 고령화가 고착화된 수축 사회에서 보수는 더 이상 단순한 GDP 성장률 숫자에만 매몰될 수 없다. 인공지능(AI)과 로봇 기술의 발전은 인간의 노동 본질을 근본적으로 뒤바꾸고 있으며, 플랫폼 노동의 확산은 기존의 고용 체계를 무력화하고 있다.

이러한 격변의 시대에는 '작은 정부'나 '시장 자율'이라는 고전적 기조만으로는 충분한 답을 줄 수 없다. 보수정당은 시장의 활력을 지키되, 기술 혁명의 소용돌이 속에서 소외되는 이들을 위한 새로운 사다리를 설계해야 한다. 미래 전략 산업에 대한 국가 차원의 과감한 투자와 함께, 변화된 환경에 적응할 수 있는 유연한 교육과 재교육 시스템을 구축하는 것이 보수의 핵심 의제가 되어야 한다.

복합 안보 시대의 전략적 리더십
- 국가 생존의 재정의

안보의 개념이 확장되고 있다. 전통적인 군사 안보의 틀을 넘어 식량, 에너지, 핵심 기술, 그리고 사이버 공간의 안전이 국가의 운명을 결정짓는 시대다. 과거의 보수는 오직 '강한 국방'만을 외쳤지만, 지금의 위협은 훨씬 다층적이고 비선형적이다. 미·중 전략 경쟁의 틈바구니에서 대한민국의 외교적 자율성을 확보하면서도 자유주의 진영과의 가치 연대를 조화롭게 다루는 고도의 외교 역량이 요구된다. 보수정당은 이제 단순한 '반공' 프레임을 넘어, 복합 위기 속에서 국가의 존엄과 안녕을 실질적으로 지켜내는 '국가 생존(State Survival)'의 수호자가 되어야 한다.

신뢰를 회복하는 정치 리더십
- 실력으로 증명하는 품격

정치의 언어가 과잉될수록 국민의 신뢰는 바닥을 친다. 소모적인 정쟁과 증오의 정치를 극복하기 위해서는 '말이 아닌 실력으로 평가받는 정치'를 복원해야 한다. 보수주의는 본래 화려한 수사보다 묵묵한 실천을, 명분보다 실효적인 성과를 중시하는 빛나는 전통을 가지고 있다. 권위주의에 대한 거부감이 강한 시대일수록 리더는 '강한 지도자'라는 착각에서 벗어나 '검증 가능한 유능함'을 갖춰야 한다. 절제된 언어와 객관적인 데이터, 그리고 반대편까지 끊임없이 설득하고 타협해내는 숙련된 정치 기술이 보수정당의 새로운 무기가 되어야 한다.

03

실천 전략
시대정신을 구현하는 보수의 방식

보수의 리더십은 뿌리 없는 혁명이 아니라 '혁신의 연속성'을 지향한다. 급격한 단절이 아니라 현재의 조건을 존중하며 한 걸음씩 나아가는 점진적 개혁이야말로 보수정당의 참된 미덕이다.

제도 개혁은 선례 위에서

보수는 기존의 제도를 함부로 해체하지 않는다. 대신 그 제도가 가진 장점을 살리고 단점을 보완하며 진화시킨다. 복지 제도를 무분별하게 확대하여 미래 세대에 짐을 지우기보다, 기존 시스템의 누수를 막고 사각지대를 정교하게 메우는 방식을 택한다. 국민연금과 건강보험 등 국가의 기초 시스템에서 보수는 재정의 지속가능성과 제도의 수용성을 동시에 고려한 합리적인 개선안을 내놓아야 한다.

미래 담론을 주도하는 보수

보수정당은 결코 과거에만 매몰된 세력이 아니다. 대한민국 보수가 20세기 초 근대화와 산업화를 주도했듯, 21세기에도 기술 패권 전쟁과 인구 구조 변화에 대해 가장 먼저 고민하고 대안을 제시하는 미래 주도 세력이 되어야 한다. 고립된 청년들의 아픔을 어루만지고 인구 절벽이라는 국가적 난제를 해결하는 데 있어, 보수정당은 '책임 있는 국가 설계자'로서 당당히 나서야 한다.

세계는 왜 보수에 열광하는가

지속 가능한 통일 전략

보수정당의 대북 정책은 감상적인 통일론이 아닌 강력한 '억지'와 진정성 있는 '대화'를 병행하는 유연한 현실주의에 기반해야 한다. 한반도 통일은 단기적인 정치 성과가 아니라 백년 뒤를 내다보는 국가 설계의 관점에서 접근해야 한다. 불확실한 사태에 대비한 '플랜 A'와 '플랜 B'를 철저히 준비하되, 내부의 통합과 대외적 협의를 동시에 조율해내는 능력이 보수적 리더십의 본질이다.

윤리와 품격을 갖춘 권력 운영
- 정약용의 《목민심서》에서 배우는 보수의 공직 윤리

보수의 진정한 권위는 강압적인 힘이 아니라 도덕적 품격과 책임 있는 행동에서 나온다. 여기서 우리는 조선의 실학자 다산 정약용(茶山 丁若鏞)이 《목민심서(牧民心書)》를 통해 강조한 공직자의 도리를 현대적 보수 윤리로 재정립해야 한다. 다산은 공직의 본질을 청렴(淸廉)과 애민(愛民)으로 정의했으며, 이는 오늘날 보수 정치인이 갖춰야 할 핵심 덕목과 완벽하게 일치한다.

청렴은 단순히 뇌물을 받지 않는 소극적인 행위를 넘어, 자신의 욕망을 절제하고 공(公)과 사(私)를 엄격히 구별하는 치열한 자기 수행의 과정이다. 정약용은 "청렴은 목민관의 본무요, 모든 선의 근원이자 모든 덕의 뿌리"라고 역설했다. 보수 정당의 리더가 이 청렴의 기반을 상실할 때 대중의 신뢰는 모래성처럼 무너지며, 어떠한 정책적 유능함도 정당성을 얻지 못한다. 또한 다산이 강조한 애민은 추상적인 구호가 아니라 백성들의 삶의 현장에서 겪는 고통을 구체적이고 실무적으로 해결해 주는 실천적 자애로움이다.

리더의 언행 하나, 인사 결정 하나, 정책 설계의 모든 과정에서 이러한 청렴과 애민의 정신이 살아 숨 쉬어야 한다. 국민은 지도자의 품격과 도덕성을 가장 먼저 살피고 그 뒤를 따른다. 다산의 가르침대로 스스로를 엄격히 다스리고 오직 공동체의 안녕을 위해 헌신하는 리더십이야말로 보수 정당이 가진 가장 강력한 자산이자, 무너진 한국 정치를 회복하는 유일하고도 확실한 길이다.

글로벌 보수 정당의 혁신 사례

대만 국민당과 영국 보수당의 생존 전략, 그리고 아베노믹스의 교훈

　100년이 넘는 역사를 지닌 정당의 부활은 결코 우연이나 요
행이 아니다. 그것은 처절한 자기 객관화에 기초한 전략적 선
택과, 기득권을 과감히 내려놓는 '자기 부정의 용기'에서 비롯
된다. 대만의 국민당, 영국의 보수당, 그리고 일본 자민당의 사
례는 각국의 보수정당이 어떻게 시대의 거친 파고를 넘으며 자
신을 혁신해 왔는지, 그리고 그 과정에서 범한 실수는 무엇인
지에 대한 귀중한 보고서다.

대만의 보수정당, 국민당
패배의 잿더미에서 피어난 청년화의 기적

실패의 정면 직시
- 개혁은 패배의 통찰에서 시작된다

2020년 총통 선거와 입법원 선거에서 대만 국민당은 민주진보당(민진당)에 기록적인 참패를 당했다. 단순히 정권을 잃은 것이 문제가 아니었다. 민진당 정부의 자산 환수 조치로 국민당의 재정은 파산 위기에 몰렸고, 당원 구성은 60대 이상의 고령층에 편중되어 '노인 정당'이라는 조롱을 받았다. 특히 젊은 유권자들이 '대만인 정체성'을 강하게 자각하는 상황에서 '중국 국민당'이라는 당명 자체가 존립의 위협이 되었다.

그러나 국민당은 이 위기를 정면으로 응시했다. 지도부의 전면 사퇴 이후 선출된 장치천(江啟臣) 주석은 40대 청년 리더였다. 그는 당의 노선을 '중국 중심'에서 '대만 중심'으로 과감히 재설정하고, 핵심 당직 인사를 30대 위주로 개편하며 혁신의 첫 삽을 떴다. 과거의 관성에 젖은 기득권층에게는 뼈를 깎는 고통의 과정이었으나, 대중에게는 국민당이 변화하고 있다는 가장 강력한 신호가 되었다.

청년화 전략
- 장식물이 아닌 핵심 동력으로

국민당 개혁의 백미는 '청년화'였다. 그것은 단순히 젊은 인재를 홍보용 대변인으로 내세우는 '쇼핑몰식 영입'이 아니었다. 공천 제도 자체를 청년 중심으로 재설계했다. 35세 미만 후보에게 공천 경선에서 70%라는 파격적인 가중치를 부여한 결과, 2022년 지방선거에서 실력 있는 청년 후보들이 대거 당선되는 성과를 거두었다. 평균 연령 28세의 홍보 조직과 IT 스타트업 출신의 전략 책임자 기용은 청년을 전략의 '핵심 동력'

세계는 왜 보수에 열광하는가

으로 삼았음을 보여준다.

구조조정과 디지털 전환
- KMT스튜디오의 출현

　재정 위기 속에서 국민당은 전국 당사 매각과 급여 삭감이라는 살을 깎는 구조조정을 단행했다. 동시에 'KMT스튜디오'라는 디지털 플랫폼을 신설하여 1980~2000년대생 간부들이 정책 콘텐츠를 주도하게 했다. 정당이 단순한 조직을 넘어 '신개념 공감 채널'로 기능하게 했으며, 이는 국민당이 다시 대중적 호감도를 회복하는 원동력이 되었다.

02

영국의 보수정당, 보수당
300년 역사를 지탱한 '유연한 보수'의 정수

영국 보수당은 세계에서 가장 오래된 정당이면서도 가장 유연한 정당으로 평가받는다. 17세기 '토리(Tory)'당에 뿌리를 둔 이들이 300년 넘게 영국 정치를 주도할 수 있었던 비결은 시대의 요구에 부응하여 자신의 기득권을 과감히 해체해 온 '유연성'에 있다.

시대의 변화를 수용한
로버트 필과 디즈레일리

원래 토리당은 지주 계급의 이익을 대변하던 당이었다. 그러나 산업혁명 이후 도시 중간계급이 성장하자, 로버트 필(Robert Peel) 총리는 지주들의 거센 반발을 무릅쓰고 '곡물법' 폐지를 주도했다. 이 대응은 보수당이 귀족의 당에서 '시민의 당'으로 외연을 확장하는 결정적 계기가 되었다. 뒤를 이은 벤저민 디즈레일리(Benjamin Disraeli) 총리는 "보수당은 전 국민의 당이 되어야 한다"며 계급을 초월한 '애국심'에 호소했다. 그는 선거권을 대폭 확대함으로써 '보수적 노동자' 계층까지 끌어안는 데 성공했다. 시대정신을 읽고 적대적인 계층의 요구까지 선제적으로 수용하는 '선제적 개혁'은 영국 보수의 가장 강력한 생존 무기였다.

복지 제도의 틀을 놓은
처칠과 산업 헌장

20세기 대중 민주주의 시대가 도래하자 보수당은 다시 한 번 변신한다. 윈스턴 처칠(Winston Churchill)은 정부의 시장 개

입과 국민의료보험(NHS) 설립 등 복지에 대한 국가 책임을 과
감히 받아들였다. 보수당은 복지 제도를 상대 진영의 전유물로
두지 않고, 자신들이 주도하여 현대적인 시스템을 확립함으로
써 국민의 마음을 되찾았다.

03

일본 보수정당, 자유민주당의 아베노믹스의 교훈
구조적 위기와 개혁의 명암

일본 자민당의 아베노믹스는 보수가 경제 위기를 돌파하기 위해 던진 승부수가 어떤 성과와 한계를 지니는지 보여주는 반면교사다.

아베노믹스의 배경
- 잃어버린 20년과 리더십의 부재

1989년 자산 거품 붕괴 이후 일본은 '잃어버린 20년'이라 불리는 장기 침체를 겪었다. 인구 감소와 급속한 고령화라는 구조적 요인이 침체의 기저에 자리 잡고 있었다. 2012년 재집권한 아베 신조는 '세 개의 화살'(무제한 양적 완화, 적극적 재정 정책, 구조 개혁)을 통해 경제의 활력을 되찾으려 했다.

아베노믹스의 전략과 한계
- 시간과의 전쟁

초기에는 주가가 상승하고 고용 지표가 개선되는 등 긍정적 신호가 나타났다. 그러나 문제는 지속 가능성이었다. 과도한 국가 부채는 여전히 시한폭탄으로 남아 있으며, 엔저 현상은 수출 기업에는 유리했으나 수입 물가 상승으로 서민들의 실질 소득을 감소시키는 부작용을 낳았다. 일본의 사례는 보수의 경제 개혁이 단순히 돈을 푸는 것에 그치지 않고, 인구 구조 변화와 같은 본질적인 구조 개혁에 성공해야만 진정한 부활이 가능하다는 점을 시사한다.

04

대한민국
보수 정당에게 주는 시사점
정체성의 재정립

대만, 영국, 일본의 사례를 종합해 볼 때, 대한민국 보수 정당이 나아가야 할 길은 명확하다.

① 청년은 동원의 대상이 아니라 동역자다

대만 국민당처럼 청년에게 실질적인 공천 가중치와 정책 결정권을 부여해야 한다. 청년이 당의 '장식물'이 아닌 '주류'가 될 때 정당의 생명력은 살아난다.

② 시대의 요구에 선제적으로 응답하라

영국 보수당처럼 상대 진영의 의제일지라도 국민에게 꼭 필요하다면 과감히 수용하고 보수의 언어로 재해석해야 한다. '복지는 보수'라는 프레임 선점은 기득권 수호가 아닌 국가 생존을 위한 결단이어야 한다.

③ 구조적 위기를 정면 돌파하라

일본의 사례에서 보듯, 단기적인 경기 부양에만 매몰되어서는 안 된다. 인구 절벽과 노동 시장의 이중 구조 등 고통스럽지만 필수적인 사회 구조 개혁을 보수가 주도해야 한다.

④ 권위주의를 버리고 공감과 기술을 결합하라

데이터에 기반한 유능한 정책 설계 능력을 갖추고, 디지털 플랫폼을 통해 유권자와 수평적으로 소통해야 한다.

결국 개혁은 비상식의 시대를 상식으로 돌리는 과정이며, 보수야말로 그 상식을 복원할 수 있는 정치 철학이다. 대한민국 보수의 개혁은 '이념의 고수'가 아닌 '정체성의 재정립'에서 시작되어야 한다. 그 시작점은 바로 청년이며, 그 도구는 디지털과 공감이다. 변화하지 않는 보수는 지속될 수 없다.

제7장

'다카이치 열풍'과 일본 자민당의 부활

보수의 가치가
대중의 팬덤이 될 때

전후 최대의 압승
36년 만의 겨울 승부수가 만든 기적

2026년 2월 8일 실시된 일본 중의원 선거 결과는 전 세계 정계를 뒤흔든 일대 사건이었다. 다카이치 사나에 총리가 이끄는 집권 자민당은 전체 465석 중 316석을 획득하며 단독으로 개헌 발의선인 3분의 2(310석)를 넘어서는 기록적인 대승을 거두었다. 연립 여당인 일본유신회의 의석까지 합치면 352석에 달하는 압도적인 결과다. 바야흐로 1955년 창당 이후 자민당이 거둔 전후 최대 의석수이자, 1990년 이후 36년 만에 처음으로 겨울에 치러진 선거에서 일궈낸 승리였다.

불과 1년 전, 자민당은 정치 자금 스캔들로 인해 71년 역사 상 유례없는 궤멸적 위기에 처해 있었다. 민심은 차갑게 식었 고, 당은 심연으로 추락하는 듯 보였다. 하지만 작년 10월, 일 본 역사상 최초의 여성 총리에 오른 다카이치 사나에는 취임 110일 만에 불가능해 보였던 반전을 이뤄냈다. 그녀는 야당의 비판과 여론의 불확실성 속에서도 "총리로서의 적격성을 국민 에게 직접 묻겠다"며 국회 해산이라는 초강수를 던졌고, 이 정 면 돌파는 흩어졌던 보수층을 강력하게 결집시키는 신의 한 수 가 되었다.

02

'사나매니아' 현상
보수의 가치를 문화적 팬덤으로 승화시키다

이번 선거의 핵심 동력은 다카이치 총리 개인이 불러일으킨 '사나매니아(Sanae-mania)'라 불리는 강력한 팬덤 현상이었다. 그녀는 권위적이고 딱딱한 기존 지도자상을 탈피하여, 대중과 호흡하는 '바이럴의 달인'으로서 면모를 유감없이 발휘했다.

① 디지털 리더십과 '소통의 미학'

그녀의 선거 홍보 영상은 공개 9일 만에 1억 뷰를 돌파하며 일본의 국민 밴드 요아소비(YOASOBI)의 최단기 기록을 경신했다. 특히 엑스(X)에 올린 관저 이삿짐 정리, 트럼프 대통령과의 통화, 남편을 위한 요리 등 바쁜 일상을 담은 게시물은 2,600만 회 이상의 조회수를 기록하며 젊은 층의 폭발적인 반응을 얻었다.

② 아이돌급 팬덤과 J-Pop 스타일의 유세

CNN은 그녀의 유세장을 'J-Pop 스타의 콘서트'에 비유했다. 투표 당일 자민당 당사 앞에는 다카이치 총리의 상징인 핑크색 펜과 굿즈를 든 젊은이들이 운집했다. 이는 보수 정치가 젊은 세대에게 더 이상 낡은 것이 아니라 하나의 '쿨(Cool)한 문화'로 수용되었음을 의미한다.

③ 인간적 매력과 솔직함

그녀는 하드록 밴드 비즈(B'z)와 한신 타이거스의 열혈 팬임을 자처하고, 세계 무대에서 옷차림을 고르는 스트레스에 대해 솔직하게 털어놓으며 대중의 공감을 샀다. 한국 대통령을 초청해 직접 헤비메탈 드럼을 연주하며 K-팝 잼 세션을 여는 등 파격적인 행보로 '다카이치다움'이라는 독보적인 브랜드를 구축했다.

전략적 신중함과 실용주의
이념의 벽을 넘는 민생 행보

다카이치 총리는 자타가 공인하는 '우익 전사'였으나, 선거 기간 동안에는 철저히 실용주의적인 '민생 행보'에 집중했다. 그녀는 야스쿠니 신사 참배 등 이념적 논란이 될 수 있는 사안은 전략적으로 자제하며 국민의 '지갑'을 지키는 데 주력했다.

① 파격적인 세금 및 물가 대책

고물가에 시달리는 서민들을 위해 휘발유세를 폐지한 데 이어, 식료품 소비세를 0%로 낮추겠다는 파격적인 공약을 내걸었다. 임금이 물가 상승을 따라잡지 못한다는 민심을 정확히 꿰뚫은 정책이었다.

② 사나에노믹스의 적극 재정

재정 건전성이라는 교조적 관성에서 벗어나 가계 소득 증진을 위해 국가가 적극적으로 재정을 투입하겠다는 의지를 보였다. 국가 부채에 매몰되지 않고 경제 안보와 신산업에 투자를 집중하겠다는 구상은 시장과 유권자 모두에게 긍정적인 신호를 주었다.

③ 이민 및 사회 안전망 강화

외국인 혐오 정서에 민감한 민심을 반영하여 시민권 취득 요건 강화와 부동산 구매 시 국적 공개 의무화를 추진했다. "나의 나라는 나의 손으로 지킨다"는 메시지는 젊은 유권자들에게 자부심과 안도감을 동시에 선사했다.

04

야권의 분열과
준비되지 않은 대안

　자민당의 압승에는 야권의 자멸도 큰 몫을 했다. 선거 전 입헌민주당과 공명당 등이 합당하여 야심차게 출범한 '중도개혁연합'은 실제 선거에서 의석이 절반 수준으로 줄어드는 참패를 겪었다.

　정권 교체를 부르짖었으나 야권 내부의 고질적인 계파 갈등으로 인해 단일 후보조차 내지 못한 무능함이 발목을 잡았다. 유권자들은 "비판만 일삼는 야당보다는 부족하더라도 유능해 보이는 여당"을 선택했다. 야당이 과거 스캔들을 공격하는 데 매몰된 사이, 다카이치 총리는 적극 재정으로 "성장의 스위치를 누르겠다"는 담대한 미래 비전을 제시하며 대안 부재에 빠진 야권을 압도했다.

05

국제 정세의 파고를 넘는 리더십
트럼프와의 연대

　선거 종반부, 미국 도널드 트럼프 대통령의 전격적인 지지 선언은 이번 선거의 화룡점정이었다. 트럼프 대통령은 소셜 미디어를 통해 다카이치를 "나의 진정한 친구이자 현명하고 강한 지도자"라 칭하며 전폭적인 지지를 보냈다.

　미·중 갈등과 북핵 위협이 심화되는 지정학적 위기 속에서, 트럼프 행정부와 격의 없이 소통할 수 있는 지도자라는 인상은 일본 국민들에게 '강한 안보'에 대한 확신을 주었다. 그녀는 중국의 대만 침공 가능성에 대해 "군사적 대응" 가능성을 시사할

세계는 왜 보수에 열광하는가

만큼 강경한 태도를 보이며 안보 보수층의 전폭적인 지지를 끌어냈다.

　미·중 갈등이 심화되는 지정학적 위기 속에서 미국 대통령과 격의 없이 소통할 수 있는 지도자라는 인상은, 보수 유권자들에게 "안보만큼은 자민당에 맡겨야 한다"는 심리를 강화시켰다. 다카이치는 이 기회를 놓치지 않고 "트럼프 시대의 유일한 파트너는 나"라는 점을 부각하며 안보 보수의 결집을 이뤄낸 것이다.

보수,
다시 대한민국의
주류로!

보수,
다시 대한민국의
주류로!

대한민국의 보수주의는 지금 거대한 전환점 위에 서 있다. 오랫동안 우리 대한민국 보수는 정체성과 방향을 둘러싼 혼란에 시달렸고, 때로는 과거의 영광에 취해 현재의 절박한 과제들을 놓치기도 했다.

그러나 이 책을 마무리하는 시점에 목격한 일본 자민당의 극적인 부활은 우리에게 분명한 메시지를 던진다. 정치는 살아 움직이는 생물이며, 아무리 깊은 절망의 심연에 있을지라도 시대정신을 꿰뚫는 혁신과 용기만 있다면 언제든 다시 피어날 수 있다는 '희망'의 메시지다.

불과 1년 전, 스캔들로 궤멸 위기에 처했던 일본 자민당을 구원한 것은 다카이치 사나에 총리의 정면 돌파였다. 지도자는 권위의 옷을 벗어 던지고 디지털 플랫폼에서 청년들과 수평적으로 소통하며 보수의 가치를 하나의 '문화적 팬덤'으로 승화시켰다. 안보에는 타협 없는 강인함을 보이면서도, 서민의 식탁 물가와 가계 소득을 챙기는 실용적 민생 행보 앞에서는 그 누구보다 유연했다. 일본 자민당의 열풍은 보수가 고루한 옛것이 아니라, 가장 현대적이고 매력적인 대안이 될 수 있음을 증명해 낸 것이다.

이제 대한민국 보수에게 요구되는 것도 명확하다. 그것은 바로 '중심을 잡는 실용적 보수의 귀환'이자, 대중의 마음을 움직이는 '공감의 리더십'이다.

보수는 본래 공동체의 안전과 개인의 자유 사이에서 정교한 균형을 찾는 파수꾼이다. 경제는 시장의 창의에 맡기되 시장이 실패한 자리에는 책임 있는 국가가 있어야 한다. 안보는 강력한 억지를 기반으로 하되 외교적 유연성을 잃지 않아야 한다. 질서를 지키되 타성에 젖지 않고, 전통을 존중하되 시대정신과 공명하는 감각이 보수의 생명력이다.

이제 보수는 더 이상 과거의 반공이나 성장 지상주의라는 좁은 울타리에 머물 수 없다. 새로운 시대의 보수는 인공지능이 가져올 노동의 변화, 고립된 청년들의 아픔, 무너지는 교육과 지방의 위기, 그리고 복잡해지는 국제 질서에 대해 가장 먼저, 그리고 가장 책임 있게 답할 수 있어야 한다. 보수는 '지키는 것'에서 '설계하는 것'으로, '방어하는 태도'에서 '대안을 제안하는 리더십'으로 대전환해야 한다.

삼국지의 영웅들과 해외의 혁신 정당들이 보여준 교훈은 간결하다. "변화하지 않는 보수는 지속될 수 없다"는 것이다. 보수주의가 그 본령인 겸손과 책임을 회복할 때, 대한민국은 비로소 다시 중심을 찾을 수 있을 것이다.

보수의 길은 결코 과거로 돌아가는 퇴행의 길이 아니다. 축적된 지혜를 딛고 더 나은 미래로 나아가는 가장 확실한 준비다. 원칙을 지키며 유연하게 대응하고, 국민의 신뢰를 회복하며 다음 세대를 위한 튼튼한 기초를 세우는 것. 그것이 바로 오늘날 대한민국 보수가 짊어져야 할 숭고한 시대적 소명이다.

김대식 국회의원이
걸어온 길

　김대식 국회의원은 가난했던 어린 시절, 배움으로 허기를 채워가며 고학(苦學)으로 경남정보대학교에서 학업을 시작했다. 이후 한양대학교에서 일어일문학 박사학위를 취득하고, 국비유학생으로 선발되어 일본 교토오타니대학교에서 문학박사학위를 받았다.

　제17대 대통령직인수위원회 인수위원으로 공직에 입문했다. 이후 대통령 직속 헌법기관인 민주평화통일자문회의 사무처장을 맡아 '통일 무지개 운동'을 전개했고, 국내 229개 시·

군·구와 해외 111개국을 방문하여 한민족 글로벌 네트워크를 구축하며 국민 통합에 기여했다.

또한 국민권익위원회 부위원장으로 재직하며 "우리의 문제는 현장에 답이 있다"는 실천정신으로 전국 곳곳을 누비며 국민의 고충과 기업의 애로를 청취하고 해결에 앞장서는 '암행어사 박문수'의 역할을 자임했다.

그동안 한일문화교류협회 이사, 일본어문학회 이사, 제2건국위원회 위원, 한국농어촌공사 이사회 의장, 이디야커피·코나아이·효성·사랑모아금융서비스·전국화물공제조합·대한건설협회·BHI·한국자산신탁 고문, 한국지역난방공사 감사 자문위원, 서울대학교 통일한반도센터 자문위원, 한국외국어대학교 법학전문대학원 멘토 교수로 활동했다.

또한 국무총리실 재외동포정책위원, 부산마루국제음악제 조직위원장, 재단법인 코리아미래재단 이사장, 재단법인 가나안교육원 이사장, 세계태권도연맹 홍보대사, 한국교총 홍보대사를 역임했으며, 정치적으로는 제20대 여의도연구원 원장을 맡았다.

경남정보대학교 총장, 동서대학교 교수로서 35년간 교육계에 몸담으며 인재 양성에 헌신했다. 대한일어일문학회 회장, 한국일본학연합회 회장, 바른대학교육실천연합회 회장, 전국대학교학생처장협의회 회장을 역임했다.

　문학에도 뜻을 두어 지산문학 추천 완료로 문단에 데뷔했고, 시집 『나는 매일 아침을 기다린다』 등 4권을 출간했다. 에세이집으로는 『연탄 한 장』, 『아이티의 눈물』, 『아들아 아들아』 등이 있으며, 전공 서적으로는 『히로이케 치구로 사상연구』, 『아사이 료이의 사상연구』 등 40여 권의 저서를 집필했다.

　특히 저서 『사람을 남기는 관계의 비밀』은 국방부 진중문고에 선정되었고 젊은이들의 필독서가 되었다. 이 책은 대만과 베트남에 수출되어 출판되기도 하였다.

　한국일보 선정 '대한민국 미래를 여는 혁신 인물 대상', 대한일어일문학회 학술상, 월드킴와(World KIMWA)가 선정한 '재외동포 권익보호 대상', 대한민국성공대상, 서울문화대상, 창조혁신상, 장애인인권화합대상, 2023 국가산업대상(인재육성 부문) 등을 수상 했다.

　국회 입성 후에는 대한민국 무궁화대상, 2024~2025 국정감사 우수의원상, 적극행정대상, 2025 국민일보 쿠키뉴스 선정 국정감사 우수의원상, 2024~2025 범시민단체가 수여하는 좋은정치인상, 서울평화문화대상, 도전한국인상, 2025 국회 글로벌브랜드대상, 세계인대상(외교공헌부문), 한국일보선정 한국정책대상, 코리아 어워즈대상, 2026 대한민국 소비자대상 소비자친화입법부문, 2026 한국여성유권자연맹에서 수여하는 의정대상 등을 수상했다.

정부 포상으로는 대통령표창, 대한민국 황조근정훈장, 홍조근정훈장을 수훈했다.

종교로는 대학교회 수석장로이자 서울 강남중앙침례교회 협동장로로 섬기고 있다.

바쁜 의정활동 중에도 유튜브 '김대식TV'를 7년째 운영하며 국민과의 소통을 이어가고 있다.

또한 나눔문화를 선도하는 고액기부자 클럽 '사랑의열매 아너소사이어티'의 부산 300호, 전국 3012호 회원으로 참여하고 있다.

2024년 4월 11일 제22대 국회의원 선거에서 당선되어, 2024년 5월 30일부터 부산 사상구를 지역구로 둔 국민의힘 소속 국회의원으로 활동하고 있다.

국회에 들어와, 제22대 국민의힘 초선의원 모임 대표, 원내수석대변인, 국회 여객기특별위원회 위원, 국회 운영위원회 위원, 국민의힘 비상대책위원회 위원을 역임했다.

현재는 국민의힘 당대표 특보단장, 사상구 당협위원장, 국회 예산결산특별위원회 위원, 국회 예결위 소위원회 위원, 국회 교육위원회 위원, 국회 교육위원회 청원심사소위원장, 전국 체육대회 및 전국장애인 체육대회 명예고문, 신라 천년 고도 경상북도 경주시 명예시민으로서 왕성한 의정활동을 펼치고 있다.

세계는 왜 보수에 열광하는가

초판 1쇄 2026년 3월 30일
    2쇄 2026년 4월 16일

지은이 김대식
제 작 ㈜봄봄미디어
펴낸곳 봄봄스토리
등 록 2015년 9월 17일(No. 2015-000297호)
전 화 070-7740-2001
이메일 yyt6896@naver.com

ISBN 979-11-89090-60-9(03300)
값 16,000원